GOCES DE LA MUJER
DEL ESTRAGO A LA VIVIFICACIÓN

Lêda Guimarães

Goces de la mujer
del estrago a la vivificación

1ª Edición
POD

KBR
Petrópolis
2014

Coordinación editorial **Noga Sklar**
Editoración **KBR**
Capa **KBR sobre Antonio da Correggio, "Jupiter y Io",
óleo sobre tela,** *circa* **1533.**

ISBN: 978-85-8180-322-7

KBR Editora Digital Ltda.
www.kbrdigital.com.br
www.facebook.com/kbrdigital
atendimento@kbrdigital.com.br
55|21|3942.4440

PSY016000 - Psicología, sexualidad

Lêda Guimarães es psicoanalista y escritora, miembro de la EBP - Escuela Brasileña de Psicoanálisis, y de la AMP - Asociación Mundial de Psicoanálisis. Fue AE — Analista de la Escuela — durante el período 2000-2003. Tiene más de cien textos publicados en varios idiomas, en libros y revistas de psicoanálisis. Algunos de ellos se reúnen por primera vez en este libro, su primero publicado por la KBR.

Email: leda.guimaraeslg@gmail.com

Secretos, silencio, se obstinan sentados en los oscuros palacios de nuestros dos corazones: secretos cientes de su tiranía: tiranos deseando ser destronados.

James Joyce, *Ulysses.*

Sumário

Prólogo
Vivir, amar, gozar

José Vidal[1]

Si para Lacan el psicoanálisis debe hacer una lectura respecto al modo en que una época vive la pulsión, Lêda Guimarães nos ofrece un instrumento absolutamente válido para hacerlo. Los interesados en cómo tratar el malestar cultural en el siglo XXI, tanto desde el punto de vista teórico como clínico, encontrarán aquí una lectura novedosa y actualizada respecto a lo que son las tradiciones en el psicoanálisis y en el pensamiento contemporáneo.

Es conocido que los hallazgos del psicoanálisis referidos a la sexualidad humana son notables. Pero, hay que aclarar, no lo son en el sentido de una sexología, ni siquiera de una psicología. El psicoanálisis no apunta a las conductas sexuales de hombres y mujeres como se podría hacer, a partir de la observación, respecto a una especie animal, con una suerte de etología. Esa pretensión de hecho existe en la cultura y proliferan los estudios de apariencia científica, sobre todo indagaciones estadísticas, que intentan describir, definir y precisar cuál es el comportamiento humano normal respecto a la sexualidad, y regularmente no

_____
1 Membro da EOL-AMP, Córdoba, Argentina.

conducen a nada, o peor, incrementan los prejuicios y los temores que se ciernen sobre la vida erótica.

El psicoanálisis, por el contrario, no se dirige al comportamiento que, por supuesto, tiene infinitas variaciones, sino que busca captar la significación que el sexo tiene en la vida anímica de las personas. Y esto lo hace partiendo del hecho simple de que los seres humanos son seres que hablan y que al hacer lo desnaturalizan la sexualidad, la exilian de lo que sería una "naturaleza" animal o una determinación biológica. Toda la vida de relación de los seres que hablan, no solo la sexual, está definitivamente apartada de lo que podría llamarse *instinto* por el hecho de que el significante, al entrar en el cuerpo, lo transforma radicalmente. El cuerpo humano, sus zonas erógenas, la boca, el ano, los ojos, las orejas y cualquier órgano son pasibles de un apartamiento de sus funciones fisiológicas para transformarse en aparatos de goce, que puede ir por la vía del placer o del sufrimiento, y surgen de ahí posibilidades tan variadas que de ninguna manera se puede encontrar un tipo instintivo para la especie humana.

Freud, además, abrió una verdadera caja de Pandora cuando hizo ingresar la en la cultura ideas tales como la sexualidad infantil, los deseos incestuosos inconscientes, las fantasías de seducción, de castración y, sobre todo, las consecuencias psíquicas que se derivan de la diferencia anatómica entre varones y mujeres, es decir, al proponer afectos en el psiquismo humano que determinan los comportamientos.

La diferencia entre los sexos, basada en el tener el pene o no tenerlo, ha sido así el nudo en torno al cual Freud organiza la clínica y la teoría psicoanalítica referida a las neurosis, es decir que, en torno a la presencia o ausencia del falo, se pensaron también los síntomas y las defensas de precaución para la neurosis obsesiva, ordenadas en torno a la angustia de castración y de disociación y conversión para la histeria. Lêda Guimarães le da una jerarquía renovada a este tipo de defensas articulándolas al superyó del modo en que lo piensa Lacan.

También los fenómenos propios de la psicosis y la perversión, desde Freud, se ordenaron en torno a la castración, como las consecuencias de un rechazo fundamental a ese ordenador del mundo simbólico que es el falo, o como una desmentida de esa castración simbólica de la que el falo deviene una metáfora.

Para explicar esto la función del padre fue puesta por Freud en primer plano: es el padre el que actúa como agente de esa amenaza de castración y como figura simbólica por excelencia que sitúa el falo como centro de la organización subjetiva.

Sin embargo, esta preeminencia del falo, el tener o no tener el falo, en concepción de la sexualidad humana y en la etiología de las neurosis y las psicosis dejaba todo un campo inexplorado, y esto es algo que no se le escapó al propio Freud: el de la sexualidad femenina. En ese territorio se podían reconocer experiencias que no podían explicarse a partir de ese dispositivo conceptual centrado en el padre/ falo o en el tener o no tener.

Los artículos de Freud sobre la feminidad y luego los de Lacan en torno a la sexualidad de las mujeres abrieron un capítulo de investigación en el que más abundan las preguntas que las certezas y eso ha motivado que muchos analistas indaguemos, debatamos y publiquemos en torno al tema. Lêda Guimarães ha tenido la generosidad de acompañarme en algunas de esas investigaciones con muy importantes avances en lo que hace a la nominación de la mujer en el fantasma masculino, algo que, en algún momento, publicaremos.

La evolución de la sexualidad humana en el siglo veintiuno muestra claramente que esta indagación por el planeta femenino no ha concluido y más aún, parece que los cambios vertiginosos a los que nos somete la ciencia y el desarrollo de las sociedades capitalistas nos confrontan a experiencias nuevas con las que el psicoanálisis necesita un esfuerzo para actualizarse.

Efectivamente, la caída del nombre del padre como ordenador de la vida subjetiva, que era la piedra basal del psicoanálisis durante el siglo XX, es un hecho incontrastable que se deriva del movimiento político desencadenado por el discurso de la ciencia, verdadero amo de nuestro tiempo, luego de la cual vemos surgir formas de gozar inéditas. Las neo sexualidades, la formas inéditas en la composición de la familia, el surgimiento de nuevas y cada vez más sorprendentes formas de procreación en las cuales se visualiza de modo creciente la desaparición del nexo entre el acto sexual y la reproducción, la obtención de niños por medios técnicos que es ya una realidad entre nosotros tanto como la selección genética hacen que la tan mentada función paterna en el psicoanálisis sea una figura de museo.

Mencionemos también los avances técnicos en drogas que permiten potencia sexual, que permiten la evitación del embarazo, las técnicas que permiten establecer la filiación, y el sin fin de recursos médicos que permiten cambiar la apariencia, prolongar la juventud y la vida, todas cosas que modifican absolutamente el modo en que era vivida apenas hace unos años la sexualidad, siempre condicionada por la posibilidad de embarazos, de infecciones, por la decrepitud de la edad, por la finitud de la vida. De ese modo, al cambiar las condiciones de la vida por la introducción de recursos técnicos, la moral y las costumbres sociales tradicionales se transforman y se adaptan a los nuevos tiempos. La fidelidad, el adulterio, la poligamia, son figuras que van en retirada frente a las nuevas posibilidades de goce que la civilización pone al alcance de todos y que incluso empuja, por medio del mercado, al uso de esas posibilidades. Las religiones deben modificar sus dogmas destinados a preservar la familia, la herencia o la filiación ante la emergencia de lo real que de modo creciente se impone en la sociedad que no necesita de esos resguardos.

Es evidente que son necesarios nuevos parámetros conceptuales que acompañen estos cambios de la vida sexual más allá del mito edípico establecido por Freud que dirigía nuestro pensamiento en torno a una organización basada en la familia tradicional.

En este sentido Lêda Guimarães nos propone un nuevo ordenamiento de las ideas en el psicoanálisis a partir de una relectura de lo que Miller ha venido a llamar *la última enseñanza de Lacan* y tomando especialmente lo que hace a la sexualidad femenina como instrumento privilegiado para esta operación.

La última enseñanza de Lacan es un modo con que Miller introduce un corte en el pensamiento de Lacan para resaltar lo que surge a partir de su Seminario XX, *Aún*, en el que vemos a Lacan abandonar la doctrina del significante en la cual se había apoyado desde el *Discurso de Roma*, aunque esta referencia lingüística sigue siendo un antecedente indispensable. Con este recurso, desde ese forzamiento, ese corte que hace en el pensamiento de Lacan, Miller hace palanca sobre lo que es el movimiento de lo real en el siglo XXI y actualiza el psicoanálisis frente a los desafíos de nuestra época proporcionándole nuevos instrumentos para su práctica y para el desarrollo de la teoría. Con *la última enseñanza* nos encontramos con una nueva topología en la que ya no hay un privilegio de lo simbólico en tanto orden estructurante de la subjetividad, sino que nos confrontamos a la equivalencia entre los tres registros simbólico, imaginario y real y podemos pensar la experiencia humana desde una perspectiva que, sin prescindir de ellos, trasciende al falo y al padre para dar lugar a un goce que va más allá del Edipo freudiano. Ese más allá implica pensar que, además del goce del falo, propiamente masculino, del tener o no tener, es posible pensar Otro goce, un goce heterogéneo al que funda el padre y que Lacan llama el goce de La mujer. Esto, claramente, lleva la clínica psicoanalítica desde una mirada estructuralista, de límites netos en lo que hace al diagnóstico, a otra donde lo que prevalece es la estrategia singular de cada sujeto para suplir una falla inaugural.

Lêda Guimarães nos introduce de lleno en esa dimensión impensable, que viene a conmover los pilares de la tradición social y que incluye al psicoanálisis, donde no se trata ya del sentido o del discurso del Otro, de la tradición, del Orden simbólico, sino del goce, del cuerpo gozante que, aunque no es independiente de la palabra, aunque surge justamente como contragolpe del significante, no puede ser capturado por ella. Más aún, es justamente lo que la palabra segrega por no poder ser dicho, como el contragolpe del sentido lo que es determinante en la subjetividad. Siendo el psicoanálisis una experiencia que se sitúa totalmente en el campo de la palabra, no podía ser de otro lado que se captara esa dimensión que escapa a la palabra, lo que resta de un decir.

Sin duda, la referencia fundamental de esta idea la tenemos que encontrar en las tablas de la sexuación que Lacan dibuja en el Seminario XX. Pero lo que nos llama enseguida la atención en la lectura de Lêda Guimarães es cómo lo que ella escribe no surge del mero comentario de Lacan o Miller, ni de elaboraciones teóricas o lecturas eruditas, aunque no deja de utilizarlas, sino que nace de la propia experiencia de la mujer que toma la palabra. Es decir, no se trata de una escritura indiferente, aséptica, con pretensiones científicas o universitarias, sino que hace emerger con fuerza testimonial la propia experiencia en el análisis.

De esa experiencia pudo dar cuenta durante los tres años en los que asumió la función de Analista de La Escuela de la EBP. Los conceptos tomados de Freud, Lacan o Miller, entonces, son articulados a lo que ha sido efectivamente experimentado en su cuerpo, en el análisis propio y en el de sus pacientes de los que rescata momentos memorables. Pero incluso de su propia sexualidad, de su experiencia como como mujer en el sexo y el amor, lo que provoca que esta lectura tengo algo muy vivo, de lo que el lector difícilmente pueda quedar indiferente ya que lo teórico es secundario a algo vivido efectivamente.

Esa cuerda es tensada al extremo en el texto para hacernos percibir un fenómeno que está presente en casi todos los capítulos del libro: el límite. Se trata del límite que puede haber entre la palabra y la letra, del límite entre el sentido y el goce inapresable, el límite que distingue lo masculino de lo femenino, entre la cordura y la locura, el confín entre la vida y la muerte incluso.

Esto último es un postulado de Lêda Guimarães que, aunque no expresado exactamente así, se puede leer: el goce puede llevar tanto a la vida como a la muerte. Con los mismos elementos pulsionales que habitan su cuerpo, todo dependerá del tratamiento que el sujeto haga de ellos cuando está confrontado a ese límite. Como en una cornisa delgada, vemos que es posible dar lugar a un superyó devastador y mortificante tanto como a las experiencias de goce más vivificantes.

Eros y tánatos se mueven en una danza en la que el privilegio de uno sobre el otro depende de la operación analítica y de la decisión del sujeto.

Ese es el desafío que, para Lêda Guimarães, debe enfrentar un psicoanálisis, la opción de hierro entre la versión arcaica del padre superyóico, moralizante, mortificante y la liberación de las fuerzas vivificantes cautivas, aún, en el goce femenino. Audaz, como Lacan en su momento, toca los pilares de la tradición psicoanalítica.

De alguna manera, nos hace pensar en cierto modo de liberación, de emancipación, como lo diría mi amigo Jorge Alemán, de las defensas que impiden el surgimiento de esos aspectos vivificantes del goce femenino, defensas que ella gusta llamar obsesivas, para identificarlas al régimen fálico. Estamos sin duda ante el momento de síntesis de una lucha que, durante cien años, han llevado las mujeres por sus derechos sociales, sexuales, humanos y que su inminente victoria tiene consecuencias enormes en el malestar cultural actual y estaba faltando el modo de decir estos cambios desde el psicoanálisis.

Es el propio psicoanálisis el que ha contribuido de manera fundamental a la caída de los emblemas paternos al mostrar su estructura de ficción y con ello a la emancipación de la mujer.

En ese punto se presentan problemas teóricos que Lêda Guimarães resuelve con habilidad: el goce femenino, el Otro goce, el que escapa a la significación, el que se sitúa más allá del falo, no es algo que se limite a la experiencia femenina sino que es compartido por todos los seres hablantes, sean hombres o mujeres cada vez que se ven confrontados al amor. De ese modo, no se trata de un ensayo sobre lo que ocurre a las mujeres, no es una psicología femenina, sino que el varón y la mujer aparecen equiparados en el punto en que se trasciende el falo.

El amor aparece entonces aquí como un resorte esencial para la comprensión de la experiencia de lo real para ambos sexos y, a la vez, como causa de estrago o como salida a la encerrona sintomática y circular que eterniza al sujeto en la culpa superyóica.

Tal vez, luego de leer a Lêda Guimarães, deberíamos mirar las tablas de la sexuación de Lacan no como una bipartición demográfica de los seres humanos, sino como un esquema de lo que ocurre en la experiencia íntima de cada uno de nosotros, en la que habitan, en grados diferentes, los aspectos femeninos y masculinos de la experiencia del cuerpo atravesado por el lenguaje.

De ninguna manera se trata aquí de una perspectiva romántica o edulcorada del amor. Por el contrario, Lêda nos muestra muy bien cómo la experiencia amorosa puede conducir perfectamente a la devastación, al límite de la muerte e incluso a la locura, a lo que Lacan llamó el *estrago*, al que un ser hablante en posición mujer puede ser conducido cuando se interna en el territorio del *no todo* femenino sin el amarre del falo como garantía respecto a ese extravío.

La clínica toma entonces aquí una forma nueva. Las diferencias entre la neurosis y la psicosis pierden importancia para dar lugar a los modos en los que cada uno puede situarse en torno a una falla constitutiva en el anudamiento.

Lectora atenta de Lacan, Guimarães encuentra en el seminario 23 un detalle que permite ver que la relación sexual que no existe puede existir en algún momento. Cada quién sabe cuándo fue que se produjo la falla en su experiencia íntima, en su relación al lenguaje. Habrá relación siempre que la reparación dela falla, tarea que es siempre singular, de cada uno, se haga en el punto en que se produjo ese lapsus inicial, el punto traumático en el que el lenguaje hace su irrupción en el cuerpo, experiencia irrepetible, solitaria, que no puede compartirse. Si eso ocurre, puede haber encuentro entre el hombre y la mujer, ya no como seres biológicos, sino como posiciones de goce. Encuentro en el que el otro puede venir a ser síntoma, o estrago.

El psicoanalista tiene allí la responsabilidad de encontrar el modo de que la interpretación aleje al sujeto de lo que es insistente en Lêda, las defensas obsesivas, las defensas superyóicas.

Un discurso que por momentos puede tener un aspecto casi feminista pero que no se deja engañar por el canto de sirena de los ideales de la época que quieren situar en el lugar del padre caído un nuevo Otro Universal pensado como La mujer. La idealización de la mujer en nuestra época es un nuevo engaño superyóico que evita el encuentro con lo que verdaderamente Lêda quiere poner aquí en valor, la experiencia singular y libre de los seres que hablan con el amor más allá de las defensas que son el nombre psicoanalítico de la moral.

Tal vez Lêda Guimarães nos quiere confrontar con la ética del psicoanálisis, bien diferente de la moral, la ética del bien decir, la que indica no retroceder ante el propio deseo, la lectura de eso que se escribe en la experiencia del análisis.

El Pase ocupa entonces un lugar de privilegio en su escritura. Se trata de la sexualidad encarnada,, testimoniada, la que ha sido vivida en el cuerpo propio, el de ella y en el de otros que han llevado su análisis al punto de poder compartir con otros ese hallazgo, elevando a al categoría de concepto lo que de lo contrario quedaría en el orden de lo inefable.

Los que conocemos personalmente a Lêda Guimarães no podemos evitar sentir la fuerza arrolladora de su deseo, la profunda convicción con la que actúa, la autenticidad de su trabajo. Atrae, inquieta, seduce, perturba, interroga. No se puede ser indiferente a eso y las consecuencias son que en torno a ella, su manera de hablar, de transmitir su pensamiento, de practicar el psicoanálisis, se ha producido un movimiento importante.

Tal vez por eso, por la fuerza de su palabra hablada, haya demorado un poco la publicación de sus trabajos. Pero el libro que ustedes leen ahora, aunque no es lo mismo, es una excelente transmisión escrita de eso que envuelve todo el trabajo de Lêda y que está ahora al alcance de aquellos que por vivir en otros países no tienen la posibilidad de escuchar.

Parte 1
Estados Unidos

El estatuto de la feminidad en nuestros días[2]

Lêda Guimarães[3]

Primeramente, quisiera expresar mi gran satisfacción por estar aquí con ustedes para nuestra tarea de hacer existir la Escuela. Le agradezco especialmente a Alicia Arenas por la invitación y a todos ustedes por la recepción tan amorosa. Mi satisfacción se debe también al hecho de estar en la Escuela de Lacan aquí, en este país donde el discurso psicoanalítico requiere una fuerte sustentación del deseo de analista, lo cual raya en lo heroico, debo decirlo, considerando que Freud aquí dejó el virus de la peste, que fue casi desactivado.

Para dar inicio a mis elaboraciones acerca del estatuto de la feminidad en nuestros días, citaré una provocación de Miller, que se encuentra en su seminario *El Hueso de un Análisis*, realizado en Bahía, Brasil, en 1998.[4] Al pronunciar la proposición en

---

2 Seminario proferido en Miami, EE.UU., en noviembre de 2009, en la NEL--Miami (Nueva Escuela Lacaniana). Originalmente publicado bajo el título "El estado de la feminidad en nuestros días". In: *Revista Logos*, nº , da NEL--Miami. Buenos Aires: Grama Ediciones, 2012.
3 Traducción Alma Rosas.
4 MILLER, J-A. "O osso de uma análise". In: *Agente*, Revista de Psicanálise.

cuestión, precisamente al cierre de su ponencia, toda la audiencia estalló de risa, seguramente por el desconcierto que produjo en nuestra perspectiva de la realidad con respecto al amor; realidad psíquica actualmente constituida por las mujeres, ya que hoy ellas asumen de manera explícita la función de la voz que enuncia la verdad acerca de las cuestiones subjetivas. El efecto de interpretación salvaje de la frase, sin embargo, fue suavizado por su muy gentil tono de voz, al estilo de una invitación, casi una súplica. Hablando en nombre de los varones, y dirigiéndose exclusivamente a las mujeres, dijo: "Señoras ámennos". Con esta frase impactante selló sus comentarios finales, poco después de haber dicho que en la actualidad las mujeres tropiezan con muchas dificultades respecto al amor, y que, por un movimiento natural, la conquista de sus derechos en auténtica igualdad con los hombres, se traduce en dificultades en el ámbito del amor.

¿Por qué hacer esta invitación en nombre de los hombres? Para tratar de formular una respuesta, sería conveniente tener presente que esa convocación de Miller tiene afinidad con una declaración de Freud, en *Malestar en la Civilización*, que es muy polémica desde el punto de vista feminista; aunque creo que hay en ella algo muy interesante que destacaré aquí.

Las mujeres representan los intereses de la familia y de la vida sexual; la vida cultural, en cambio, se convierte cada vez más en tarea masculina, imponiendo a los hombres dificultades crecientes, y obligándoles a sublimar sus instintos, sublimación para la que las mujeres están escasamente dotadas.[5]

Considero esta formulación de Freud de gran pertinencia, a pesar de esa pequeña imprecisión referente a la falta de capacidad de sublimación en las mujeres. Sin embargo, Freud tiene una cierta razón, pues la práctica del psicoanálisis nos muestra que hay una gran diferencia entre la sublimación en los hombres y la sublimación en las mujeres, especialmente en lo

---

Salvador: Escola Brasileira de Psicanálise, 1998.
5 FREUD, S. (1930[1929]). "O mal-estar na civilização". In: *Edição Standard Brasileira das Obras Psicológicas Completas de Sigmund Freud*, V. XXI. Rio de Janeiro: Imago, 1976.

concerniente a la función de suplencia que ese destino pulsional puede tener para los hombres; muy diferente a lo que sucede en el caso de las mujeres, ya que la sublimación en los hombres se mantiene articulada a su rasgo perverso fantasmático, de acuerdo al análisis de Freud acerca de Leonardo da Vinci.[6] Seguramente esta es la razón por la cual los hombres experimentan una afirmación de su masculinidad frente a los productos derivados de sus satisfacciones sublimatorias. Aunque en las mujeres no encontramos esa articulación de la sublimación con su lastre erótico fantasmático, verificamos de igual manera su capacidad de sublimación; es decir, obtienen satisfacción de las actividades desexualizadas en el campo del arte, de la producción intelectual, y en las diversas áreas del campo laboral en que han demostrado claramente sus grandes aptitudes. Si la sublimación en los hombres tiene una relación muy directa con la emergencia de su rasgo de fetiche fantasmático, lo que no les sucede a las mujeres, por esta razón me pregunto: ¿Cómo opera el rasgo de goce en la sublimación femenina?

El goce más precioso de las mujeres

Empero, la cuestión crucial que pretendo desarrollar aquí es la siguiente: Aun cuando las mujeres de hoy han logrado grandes realizaciones en el campo de la sublimación, eso no las hace más felices, al contrario, están más infelices. ¿Qué les sucede a las mujeres hoy día?, puesto que no obtienen de la sublimación una satisfacción que le dé un sentido a su existencia. Mi respuesta es: porque se han alejado de su goce más precioso, que es el sueño de amor por su hombre, el sueño de amar a un hombre que sea suyo. Esta es la dificultad más común, pues es muy difícil que hoy día una mujer se refiera a su pareja como "mi hombre".

---

6 FREUD, S. (1910). "Uma lembrança de infância de Leonardo da Vinci". In: *Obras Completas, op. cit.*, V. XV.

En el campo de la sublimación, las mujeres tratan de lograr una igualdad que se aplique a todas, procuran consolidar su competencia en el trabajo de la civilización como un derecho que toda mujer pueda alcanzar, lo cual indica que a través de la sublimación intentan situarse del lado macho, del lado Todo de la sexuación, conforme las elaboraciones de Lacan en el cuadro de las fórmulas de la sexuación, en su *Seminario, Libro 20.*[7]

Pero, ¿por qué esto no las hace felices? Porque su goce más precioso se localiza, en el cuadro de las fórmulas de la sexuación, del lado en que Lacan sitúa lo femenino, donde lo simbólico tiene un agujero de donde emerge el goce femenino y la dimensión del amor. De tal manera que, si del lado del Todo hay satisfacciones para todos, el goce más precioso de las mujeres no se encuentra ahí, sino en un reducto muy privado, ubicado en la dimensión de lo singular.

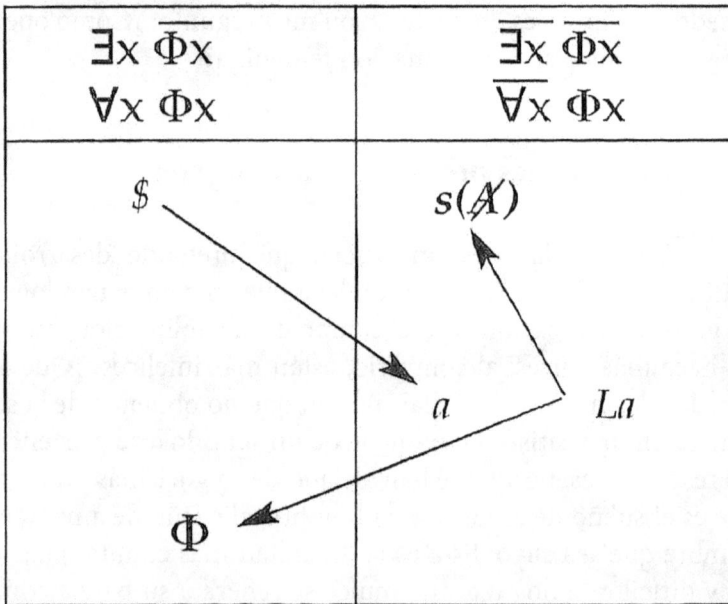

Fórmula de la sexuación de Jacques Lacan

7 LACAN, J. (1985 [1972-1973]). *O Seminário, Livro 20, Mais, ainda.* Rio de Janeiro: Jorge Zahar, 1985.

En una canción brasileña encontré algo muy especial que dice sobre este goce. A él alude poéticamente Marisa Monte, la autora, en lo que se ha convertido una frase muy preciada. Al decir "mi infinito particular",[8] hace referencia a ese goce cuando le canta a su hombre. Esta frase fue citada por Éric Laurent, por ocasión del XVII Encuentro Brasileño del Campo Freudiano,[9] como una nominación del goce sintomático, pero para mí es más bien emblemática del goce femenino. Es exactamente ahí, en ese "infinito particular", donde no hay ninguna ley, ningún *script* que sirva para todas, nada que las pueda orientar en el campo del amor; es ahí donde las mujeres encuentran su mayor desafío subjetivo, que es asumir la tarea permanente y singular de construir sus lazos a partir de su modo propio de amar.

Volviendo a la cita de Freud, que dice: "las mujeres representan los intereses de la familia y de la vida sexual", ahora podemos afirmar que Freud tenía mucha razón, precisamente porque ahí está localizado el goce más precioso de las mujeres, sobre el cual ellas sustentan sus lazos amorosos. Por otro lado, los hombres generalmente no se ocupan bien de eso, pues sus defensas obsesivas se lo impiden, lo cual suscita las quejas de las mujeres, que dicen: "¿Tengo que luchar yo sola por nuestra relación, todo yo, y él nada?" ¡Así es! ¿Quién, sino ellas mismas pueden luchar por su precioso goce? Pues, ¿qué puede suceder

---

8 Composición de Marisa Monte con la colaboración de Arnaldo Antunes y Carlinhos Brown: "He aquí lo mejor y lo peor de mí / mi termómetro, mi quilates / Ven, chaval, retrátame / No es imposible / Yo no soy difícil de leer / Haz lo que te toca / Yo soy de aquí, no soy de Marte / Ven, chaval, fíjate en mí / ¿No ves? Está a la vista, soy abanderada de mi / Solo no te pierdas al entrar / En mi infinito particular / Por instantes / Soy pequeñita y también gigante / Ven, chaval, declárate / El mundo es portátil / Para quien no tiene nada que esconder / Mírame a la cara / Es solo misterio, no hay secreto / Ven acá, no tengas miedo / El agua es potable / De aquí puedes beber / Solo no te pierdas al entrar / En mi infinito particular".

9 LAURENT, E. "Psicanálise e Felicidade - sintoma, efeitos e algo mais", conferencia proferida en el Encuentro que tuve lugar en Rio de Janeiro, de 21 a 23 de noviembre de 2008.

cuando las mujeres dejan de luchar por la relación amorosa, dejándola a cargo de los hombres?

Pues bien, dada su necesidad fundamental de situarse en función del falo para sustentar la identificación viril, los hombres se ubican muy bien en el campo del Todo. Pocos se localizan cercanos al lado del no-Todo, aun cuando haya alguna abertura en su estructura, sea mayor o menor, para la dimensión del amor en el agujero del S(Ⱥ). Pero su sujeción al falo los centraliza en el campo del Todo, en torno a un imperativo sobre cómo deben ser, esto es, cómo deben ser hombres. Eso les impone ideales sociales universalizantes, en nombre de los cuales mantienen relaciones corporativistas de afirmación igualitaria de sus competencias y sus derechos fálicos, soportando con gran dificultad la emergencia dentro del Todo de un poder excepcional de uno de ellos, dado que la igualdad es una suposición imaginaria para que ellos se mantengan "todos juntos, unidos, sosteniendo nuestro falo". De esa universalización resulta una cierta posición de mortificación por la anulación de la singularidad del deseo.

Si la relación hombre-mujer es controlada por el hombre, ¿qué puede suceder? La mortificación obsesiva se verá impregnada en la relación de la pareja conforme a la insípida rutina obsesiva: "Podemos hacerlo mañana, hoy no", "tal día yo hago esto y tal día tú haces aquello", llevando al tedio y al declive de su deseo sexual y, consecuentemente, al de la mujer también, ya que el deseo masculino es una condición esencial para el goce femenino en el enamoramiento.

Así, esa invitación de Miller, al decir: "Señoras, ámennos", representa una súplica en nombre de los hombres, no en nombre de las mujeres, pues él estaba pensando como hombre, como si les estuviera diciendo a las mujeres: "No nos dejen momificados, muertos en nuestra armadura obsesiva". Una invitación que nos convoca a interrogar: ¿Qué les pasa a las mujeres hoy día, que parecen haber olvidado el amor?

Un intento estructural de suplencia a La Mujer que no existe

Para tratar de elaborar una respuesta a esa pregunta, conviene recordar que la histeria es una neurosis naturalmente femenina, pues se asienta en la pregunta: ¿Qué es ser mujer?, ¿Qué es la mujer? Una neurosis naturalmente femenina porque se funda en una pregunta sobre la identidad femenina. Pero bien sabemos que se trata de una pregunta que no encuentra respuesta en el campo simbólico. Esta ausencia de referencias simbólicas también está articulada al goce femenino, que no se encuadra en las medidas fálicas.

Hay una cita de Lacan que me parece preciosa, correspondiente al período inicial de su enseñanza, pero puede leerse desde la perspectiva de los nudos del final de su enseñanza- pues en ella indica de modo muy preciso el movimiento espontáneo de la estructura en la búsqueda de una suplencia para la identidad femenina. Puesto que lo femenino se localiza en la falla de lo simbólico, ahí donde nada se puede decir acerca de una identidad femenina, se da en la estructura neurótica de las mujeres un esfuerzo espontáneo por producir una suplencia, un intento de hacer un amarre. La cita se encuentra en "Directrices para un congreso sobre sexualidad femenina", que según mi punto de vista es una contribución de Lacan que también anticipa lo que formulará en su seminario *Aún*:

> [...]en la posición de bien o bien en la que el sujeto se encuentra atrapado entre una pura ausencia y una pura sensibilidad, no debe asombrarnos que el narcisismo del deseo se aferre inmediatamente al narcisismo del ego, que es su prototipo.[10]

Al leer esta frase de Lacan desde la perspectiva del semi-

---

10 LACAN, J. (1958). Diretrizes para um congreso sobre a sexualidade feminina. In: *Escritos*. Rio de Janeiro: Jorge Zahar, 1998.

nario *Aún*, — "*...en la posición de bien o bien en la que el sujeto se encuentra atrapado entre una pura ausencia [de referencias simbólicas] y una pura sensibilidad [del goce femenino]*" — ¿qué movimiento espontáneo se produce en la estructura con la intención de lograr una suplencia a una supuesta identidad femenina, ya que lo femenino emerge del agujero de lo simbólico y de un goce real?

Lacan da una respuesta en seguida: "*...no debe asombrarnos que el narcisismo del deseo se aferre inmediatamente al narcisismo del ego que es su prototipo*". Lacan formula de la siguiente manera la solución espontánea de la estructura: "*el narcisismo del deseo se aferra — se anuda, podríamos decir — inmediatamente al narcisismo del yo*" ¿Qué significa esto? Lacan parece situar aquí la función de la mascarada como el movimiento espontáneo de la estructura en un intento de hacer consistir una suplencia a la identidad femenina que no existe. A partir del agujero de lo simbólico y de un goce real, el narcisismo del deseo femenino que aspira a una identidad en la pareja amorosa se aferra inmediatamente al narcisismo del yo, erigiendo a través de lo imaginario una máscara que tiene como función instituir un semblante para la feminidad.

De este modo, la mascarada es un recurso imaginario que trata de salvaguardar el narcisismo del yo como un instrumento privilegiado en las mujeres para abordar a su pareja en el campo de su deseo. Por esa razón, Freud ya se refería a lo narcisistas que son las mujeres en sus vínculos amorosos, afirmando que ellas no aman de hecho sino, más bien, quieren ser amadas. Lacan aclara además, en esa cita, que el narcisismo femenino no implica que ellas verdaderamente se amen a sí mismas, sino que es fundamentalmente un movimiento espontáneo de la estructura en un esfuerzo por hacer consistir una suplencia para la identidad femenina. Sin embargo, como sabemos, este intento de suplencia tiende a fallar, pues la inflación narcisista femenina cambia muy fácilmente a un estado de aflicción, o de devastación.

El problema es que esta máscara es un recurso imaginario fuertemente atrapado en la significación fálica, lo cual aleja a las mujeres de la feminidad, como dice Lacan en "La significación del falo":

> Por muy paradójica que pueda parecer esta formulación, decimos que es para ser el falo, es decir, el significante del deseo del Otro, para lo que la mujer va a rechazar una parte esencial de la feminidad, concretamente todos sus atributos en la mascarada. Es por lo que no es, por lo que pretende ser deseada, al mismo tiempo que amada.[11]

Aquí reside todo el problema de la inconsistencia del narcisismo femenino: la mujer desea ser amada y deseada ¡exactamente por lo que no es! Conviene considerar, además, que la función de la mascarada es tratar de proporcionar un semblante de La Mujer en cuanto excepción en el campo del Todo. Por lo tanto, no se trata de ser igual a todas, ninguna mujer quiere situar a su ser como "igual a todas". "Igual a todas" no, sino "la única" entre las otras y, más precisamente, la única como "¡razón del deseo del Otro!" De tal manera que el narcisismo del yo en las mujeres es un modo de tratar de situarse en la función de la excepción como ¡lo máximo, por sobre todas las demás! De esto se trata en ese narcisismo del yo, del sueño más alto, del ideal inalcanzable de las mujeres: ser la única, la inigualable entre todas las demás frente al deseo masculino, como condición necesaria para sustentar una posición de deseo en su pareja.

Pero esta máscara tiende muy fácilmente a desmoronarse, a sucumbir, como les dije hace poco. Y en esos momentos, desafortunadamente, la estructura tiende a hacer consistir otro semblante en las mujeres, que también está localizado como una excepción al todo, pero conforme a una ley muy severa, conforme a la lógica binaria de oposición de los significantes, situando el semblante de lo femenino en el extremo opuesto del Ideal, precisamente en el semblante del objeto-desecho. Y así, el

---

11 LACAN, J. (1958). A significação do falo. In: *Escritos, op. cit.*

movimiento espontáneo de la estructura, de acuerdo a la lógica implacable de los significantes articulada a la significación fálica, aún mantiene lo femenino en una posición de "excepción", pero ahora "excluido" del Todo, bajo todas las demás en cuanto objeto descartable, despreciable, desvalorizado. El sentimiento de exclusión, debido a la inevitable caída de ese sueño narcisista, se traduce en esas expresiones, esos enunciados muy comunes entre las mujeres enamoradas con los que suelen referirse a la experiencia del enamoramiento como si estuvieran en una montaña rusa, pues si en un momento se consideran "todo para él", "la única", en el momento siguiente se sienten una "nada", "no soy nada para él".

Por tanto, podemos formular que la mascarada es el intento de suplencia privilegiado en las mujeres, que se sostiene en una lectura fálica a través de lo imaginario, y que intenta salvaguardar a las mujeres del semblante de la posición de objeto, que es tan insoportable para las feministas. De acuerdo a cada cultura, cada momento histórico, la máscara de la feminidad se transmuta, muchas veces a una velocidad alucinante, tal cual las mujeres se cambian de ropa y adornos todos los días, en una carrera vertiginosa para tratar de alcanzar a La Mujer, que es siempre Otra en sí misma.

La máscara de la feminidad contemporánea

Veamos cómo es esto en la actualidad. Lo interesante de esta época, que hemos denominado 'los tiempos del Otro que no existe' - de la pérdida de los significantes amo, de la ausencia de elementos simbólicos que aseguren identificaciones que sirvan para todos - es que asistimos a un fenómeno sorprendente que se yergue muy sólido y potente en nombre de una nueva identidad femenina. Se trata, nada más y nada menos, de la traducción de la máscara de la feminidad contemporánea. ¿Qué máscara? La de mujer multimedia, polifacética, con aptitudes diversas, autónoma, independiente, capaz, super-super-mujer, que frecuentemente pretende ser más potente que los hombres. Esta máscara tiene varias facetas, que pueden ser nombradas, y nótese que generalmente se incluye el artículo 'la', como para referirse a *La mujer*, al nombrarla. Es importante considerar que en este modo de nombrar lo femenino está implícita una conexión con la posición de los hombres, o sea, colocarse al mismo nivel o por encima de ellos, desfalicizándolos.

A continuación, una síntesis de los atributos de la máscara de la feminidad contemporánea, extraídos de las propias palabras de las mujeres:

— *La profesional realizada* en sus competencias sublimatorias, sean científicas, artísticas o técnicas; de tal suerte que el mundo del trabajo, inventado y construido por los hombres, no puede prescindir de las mujeres.

— *La politizada*, culta, inteligente, dedicada a las luchas en defensa de los derechos de los excluidos, especialmente de los derechos de las mujeres en relación a los hombres.

— *La administradora del hogar*, que ya no es ama de casa, pues ha subido de puesto en proporciones cada vez mayores, incluso como proveedora financiera del hogar, colocando a los hombres en posición de dependencia económica de ellas.

Por ser una máscara múltiple, implica un imperativo de ser varias en sí misma, lo cual requiere otras facetas:

— *La madre psicopedagoga* (designación mía), especializada en los saberes relativos al desarrollo infantil, y colocando a su pareja como su alumno predilecto, enseñándole cómo ser padre.

— *La beldad escultural*, hermosa en cualquier edad y más saludable que los hombres, mucho más saludable que ellos, que se encarga de la contabilización obsesiva de las calorías y nutrientes, contabilización que lleva a cabo mucho mejor que ellos.

Y aún hay algo más que agregar: La sexualidad restringida a su dimensión erótica.

— *La amante liberada*, especializada en recetas para incluir el orgasmo clitoriano en el acto sexual, transforma a los hombres en sus alumnos adiestrándolos en cómo hacerla gozar.

Esta lista bien podría incluir otras facetas, en virtud de una tendencia a agregar más y más habilidades, pero que nunca son suficientes para sustentar esta función de denominar a *La Mujer*. Y aun así, hay una que no puede formar parte de esta lista ¿Dónde está *La mujer enamorada*, que sueña y muere de amor por su hombre? *La apasionada … La desesperada de amor y deseo…* ¿dónde está? No forma parte de la lista de la máscara de la feminidad contemporánea. ¡Fue excomulgada!, como si el enamoramiento fuera un pecado mortal. Esto se revela en las expresiones que las amigas usan entre sí: "Querida, sé…" — así se expresan, haciendo uso de la palabra 'sé' en calidad de imperativo, de un imperativo de 'deber ser'; sé hermosa, sé independiente, sé poderosa, pero no te enamores".[12]

Esta peculiar propiedad de mantener varios rasgos identificatorios imaginarios ya la había formulado Lacan como propia de la identificación psicótica en la melancolía;[13] dijo incluso que los melancólicos tienen una identificación estrellada, es decir, cual las estrellas en el cielo, en cuanto rasgos identificatorios que no tienen relación unos con otros. Pues bien, la máscara

12 GUIMARÃES, L. Não se apaixone! A máscara da feminilidade contemporânea. In: *Opção Lacaniana* – Revista Brasileira Internacional de Psicanálise (44). São Paulo: Edições Eólia, 2005.
13 LACAN, J. (1971). Lituraterra. In: *Outros Escritos*. Rio de Janeiro: Jorge Zahar, 2003, p. 24.

de la feminidad contemporánea tiene la misma configuración imaginaria que la identificación en los melancólicos, lo cual nos invita a indagar las razones de esa insólita semejanza. Sin embargo, hay una diferencia fundamental entre la identificación melancólica psicótica y la función de la mascarada en la feminidad, ya que la estructura neurótica contiene la significación fálica en el centro de las identificaciones imaginarias. ¿Qué implica esto? Que mediante esta máscara la mujer contemporánea pretende hacerse el falo para el deseo masculino. Ese es su artilugio narcisista para abordar a su pareja como una mujer colmada de talentos y realizaciones. Pero, a menudo, esa función de la máscara se manifiesta en los enunciados de las mujeres actuales a través de la negación, como en la trillada expresión: "¿Para qué necesito un hombre?". El problema es que esa gran inflación fálica provoca y fomenta la tristeza en las mujeres. Esa máscara de la feminidad contemporánea frecuentemente no produce el efecto esperado de fetichización para el deseo masculino. Y así, el tiro sale por la culata, como delatan las propias palabras de mujeres que se dicen realizadas, independientes, liberadas, pero infelices: "¿Y los hombres?, ¿Qué se hicieron los hombres? Ya no hay hombres".

¿Por qué los hombres tienden a alejarse de esas mujeres tan potentes? Me parece que una de las razones fundamentales es que esta máscara de la feminidad contemporánea no se yergue como un falo, sino más bien como una multiplicidad de falos. Es la propia cabeza de Medusa que desde el escenario mitológico resurge en nuestra época. Y, como bien dijo Freud en su artículo "La cabeza de Medusa",[14] eso causa pavor, fobia, petrifica al hombre y hace que aleje su deseo por esas mujeres, que representan la amenaza de castración, pues la proliferación del falo es el propio símbolo de la castración. Por ello el horror de los hombres y su retirada, o su tan comentado desaparecimiento después del primer encuentro, una vez que han perdido el interés. Pero no todos huyen, por suerte hay quienes permanecen decididos ante ese riesgo.

---

14 FREUD, S. (1922). A Cabeça da Medusa. In: *Obras Completas, op. cit.*, V. XVIII.

Y cuando ellos permanecen al lado de estas mujeres, ¿qué les sucede? Cuando creen en ellas, cuando creen en la máscara que presentan, o sea, cuando toman una mujer como causa de su deseo, instituyéndola como partenaire-*sinthome*, la instituyen también en la función de Sujeto Supuesto Saber del hombre, lo que ellas mismas generalmente no saben. Y aquellas que deciden hacer análisis, a veces tardan mucho tiempo en descubrir el enorme poder que su palabra tiene ante sus hombres. ¿Y qué les sucede a esos hombres que creen en ellas? Se subordinan a su discurso, a sus dictámenes. Dictámenes que las mujeres sustentan con eficiencia, construyendo un discurso sobre cómo formar pareja, cómo debe ser el hombre como pareja, cómo él debe ser como padre de sus hijos. En fin, es ella quien dice cómo él debe ser como hombre. Pues bien, la máscara de la feminidad contemporánea está directamente articulada a un discurso de las mujeres que pretende inscribir lo "políticamente correcto" relativo a los lazos afectivos. De ahí que esa creencia en esta mujer multipotente, hoy día mantiene en el centro de los vínculos amorosos este guión delirante de "un amor políticamente correcto" que intenta hacer existir la relación sexual.

Retomando nuestra pregunta: ¿Por qué la mujer enamorada, apasionada, fue excomulgada de la máscara de la feminidad contemporánea? El estado de enamoramiento de las mujeres, definido por Lacan como erotomanía en "Directrices para un congreso sobre la sexualidad femenina", puede perfectamente ser concebido a partir de la preponderancia del goce femenino. Despertado por el enamoramiento, este goce tiende a expandirse sin límites, lo cual le es propio, ya que, a diferencia del goce fálico, no conoce medidas, no se sujeta a limitaciones ni se localiza en zonas erógenas; y por ello se expande en el propio cuerpo intrínsecamente articulado a la ausencia de cualquier nominación. Por esta razón, dicho goce hace borda en el campo simbólico a través de las palabras de amor. Las palabras de amor – las cartas de amor – se instauran como la envoltura fundamental, y al mismo tiempo como la condición del goce femenino. Y cuando la dimensión sexual erótica de este goce permanece latente, o incluso reprimida, la vertiente del amor que se instituye como la envoltura del goce femenino adquiere el carácter de una exigencia insistente, manteniendo así la demanda imperativa de amor. De ese modo, la excitación gozosa erotomaníaca se traduce en una exigencia de amor: "ámame más, y más, aún más…"

El gran desafío subjetivo para las mujeres, cuando son tomadas por el enamoramiento, es que la aceleración del goce erotomaníaco, que le es propio, tiende a adquirir muy fácilmente el carácter de un imperativo, del cual las mujeres ya no tienen control; imperativo que se impone sobre ellas y hace que lo dirijan a su pareja, reforzando la exigencia de que él diga incesantemente a la mujer que la ama, que la mire, que la llame por teléfono, etc. Tal estado de aflicción indica precisamente la presencia del imperativo del superyó.

Lacan nos dice de una manera muy clara, en el *Seminario Aun - Libro 20*:[15] "Nada obliga a nadie a gozar, salvo el superyó". Así, propongo que la aceleración del goce erotomaníaco en dirección a un impulso incontrolable y devastador, denuncia que el imperativo mortífero del superyó se infiltra muy rápidamente en este estado de goce que es inherente a lo femenino. Sin embargo, abro aquí una disyunción fundamental entre el goce femenino y el imperativo del superyó. Este goce femenino, por estar en el campo del silencio, ajeno a la palabra, tiene una afinidad con otros impulsos silenciosos, y por eso su emergencia es una oportunidad extraordinaria para que el imperativo del superyó se afiance al goce femenino y anden juntos. En otras palabras, el estatuto real del goce femenino permite la intromisión del superyó, de tal modo que pasa a sostener un imperativo "goza" en todo su carácter mortificante propio del superyó, el cual es un imperativo hiperactivo, que está siempre a la espera de un impulso para activar su imposición de goce. Eso hace que el goce femenino, mientras más se acelere hasta llegar a la cúspide — ser "la única" — muy rápidamente se vuelva, se tras-

---

15 LACAN, J. (1972-1973). *O Seminário, Livro 20, Mais, Ainda*. Rio de Janeiro: Jorge Zahar, 1985, p. 11.

mute de este estado de éxtasis a un estado de devastación por la infiltración del superyó.

La paradoja del superyó

Además de la insistencia propia del impulso de goce del superyó, el problema es que la máscara de la feminidad contemporánea ya está íntimamente articulada al imperativo superyóico, manteniéndose a partir de una fijación de goce en la paradoja del superyó.

Por un lado, la máscara de la feminidad actual mantiene de modo muy explícito una de las vertientes de la paradoja del superyó; aquella que dice "No" al goce del enamoramiento, de acuerdo a lo que dicen las propias mujeres: "No te enamores", "sé libre, autónoma, independiente, realizada, linda, poderosa, etc., pero no te enamores". He aquí, de modo muy explícito, ese lado de la paradoja del superyó que dice "No" al goce pulsional propio de lo femenino, imponiendo la renuncia a esa satisfacción pulsional, para que la cara del yo ideal de LA Mujer superpotente supuestamente se pueda mantener. Y esto es una terrible trampa para las mujeres, porque el hecho de que este imperativo "No te enamores" sea tan necesario para que ellas puedan mantener su sueño de potencia, se debe precisamente a que este sueño está siempre a punto de desmoronarse. Lo crucial es que el imperativo explícito "No te enamores", ya denuncia en sí mismo su vertiente silenciosa paradójica para quienes mantienen sus oídos atentos; ya que, si las mujeres lo necesitan tanto, es justamente porque están permanentemente vulnerables a las garras del enamoramiento. Si necesitan tanto ese "No", es porque hay ahí una impulsión hacia el "Sí". Además, dada tanta liberación en la actualidad, es muy fácil, y muy frecuente, que se enamoren en un encuentro contingente. No hay relación sexual que se pueda escribir, pero hay encuentros y hay acto sexual. Decir que no hay relación sexual no quiere decir que las parejas no puedan alcanzar un estado de felicidad. Apoyarse en esa formulación de

GOCES DE LA MUJER

Lacan — no hay relación sexual — para justificar una defensa contra el enamoramiento, es usar los términos lacanianos para gozar de la castración en una posición neurótica.

Pues bien, el sueño de amor siempre está presente en las mujeres, de tal modo que ante un encuentro contingente con el objeto voz, o con la mirada en el semblante de un hombre cualquiera, una mujer fácilmente podrá ser invadida por una explosiva sensibilidad que se expande por su cuerpo. La expresión "amor a primera vista" es apropiada para nombrar lo que ocurre a partir de un encuentro de miradas: "nos miramos y supe que él era el hombre que yo estaba esperando". Y eso es lo que se llama contingencia. El efecto de dicha invasión de goce femenino en ese momento hará que la mirada, o la voz, se instituyan como portadoras del sueño idílico del enamoramiento.

Es un sueño siempre presente en los devaneos secretos de las mujeres, sueño que ellas guardan escondido en los sótanos de su subjetividad, al mismo tiempo que lo refutan. ¿Qué sueño es ese? El sueño de entregarse a un hombre, de hacerse la causa de su deseo, de dejarse invadir por la pura sensibilidad de su goce femenino, ahí donde también habrá una pura ausencia de sentido sobre su ser, para que de ese modo se haga mujer para un hombre.

Pero ante el encuentro con el objeto mirada-voz localizado en el semblante de su pareja, la economía de goce del superyó podrá ser inmediatamente disparada, inyectando al goce femenino los efectos dañinos de la significación fálica superyóica. Este imperativo silencioso — o tal vez latente, ya que puede ser enunciado conforme a la lógica fálica, aunque de modo sigiloso, como si se confesara un secreto — puede ser formulado de la siguiente manera: "entrégate a ese hombre sin medida, sin pensar, déjate invadir por este impulso hasta el extremo de sus exigencias, aunque esto te cueste la desgracia de tu propia vida". Es como "ya no importa nada" solamente este goce.

Así, las dos vertientes de la paradoja del superyó están articuladas a la máscara de la feminidad contemporánea, donde el imperativo explícito "No" al goce femenino es una defensa

| 39 |

contra el imperativo que este "No" intenta refutar, que es: "enamórate y muere de pasión". Este "No" equivale a la presencia misma de su opuesto latente. A esto se debe el pavor de las mujeres a enamorarse, pues puede llegar a extremos, y bien sabemos a qué extremos puede llegar una mujer a causa del enamoramiento.

Y ante todo esto ¿qué han hecho las mujeres contemporáneas? En un intento de establecer una definición de enamoramiento, le han inventado una nueva designación, afirmando que es "una patología." Designación que hace presencia inclusive en nuestros debates psicoanalíticos, y creo que eso muestra una cierta alienación nuestra a esa proposición, por suponerla una verdad universalizante, aunque fundamentalmente se trate de una formulación claramente histérica. Si creemos en este enunciado prescrito por las mujeres: "el enamoramiento es una patología", si lo creemos en el ejercicio de nuestra práctica psicoanalítica, estaremos nada más y nada menos que fijando, reforzando en las mujeres esta lógica de la paradoja del superyó. Por eso es muy importante afirmar, insisto en dejar esto muy claro, que la patología devastadora que invade a las mujeres no es la patología de la pasión amorosa, sino la patología del superyó.

Es importante recordar que por considerar a la pulsión de muerte como no eliminable — ya que hay un tanto de energía pulsional en cada uno que no se puede eliminar — Freud se preguntaba a respecto del fin del análisis: ¿Cuál es el destino de la pulsión de muerte? En su práctica psicoanalítica observó que esta era mejor apaciguada cuando los impulsos de la pulsión de muerte la fusionaban a la libido. Esto es, cuando la pulsión de muerte y la libido se unen, resultando en erotismo, eso mitiga la ferocidad de la pulsión de muerte, porque su furor puede estar ahora a disposición para sostener el deseo sexual. Considerando seriamente esa formulación de Freud, añadiría que para sostener cualquier posición de deseo vigoroso, orientado por una ética, — lo cual yo pude saber a partir de mi fin de análisis —, se usan las garras y las ganas de la pulsión de muerte, se usa una ferocidad que no es contra el otro ni contra sí mismo, sino a favor de una posición decidida de sostener el deseo. ¿Para qué fines? Para los fines de la pulsión de vida.

De este modo, podemos ahora formular que el exceso de goce de la pasión amorosa puede, sin duda alguna, producir una vivificación del cuerpo, muy diferente del goce producido por el superyó, que es esencialmente mortífero. La vivificación producida por la pasión es bien conocida por las mujeres, pues cuando encuentran una amiga cuyo aspecto está muy diferente, por un brillo especial en su semblante no parece la misma, le dicen: "¡Tú estás enamorada!" Por tanto, saben cuando eso vivifica una mujer. Precisamente, el campo de la pasión amorosa solo extiende sus fronteras hacia el terreno del padecimiento, de la devastación, cuando el imperativo superyóico se infiltra en el exceso de goce que vivifica el cuerpo, produciendo en este sus estragos mortificantes.

El estado de devastación producido por el imperativo del superyó tiende a manifestarse en las lamentaciones de las mujeres en forma de una queja de decepción amorosa: "él no me ama", "él no me valoriza", "él sólo quiere usarme como un objeto". Es decir, a través del recurso de la significación fálica, que propone una interpretación siempre dolorosa de la posición de objeto en la pareja sexual, lo que implica quitarse la capa protectora del amor que elevaría una mujer a la condición de "única" entre todas, la vertiente erótica del goce femenino se impone en su carácter más devastador, anudado al sentimiento de culpa inconsciente. De este modo, el goce superyóico en las mujeres tiende a erigir en sus parejas un semblante de la figura obscena y feroz del superyó, como si los hombres fuesen responsables de todas las desgracias que les ocurren a ellas. De tal suerte que, cuando las mujeres emprenden sus esfuerzos en la lucha contra los hombres, luchan en verdad contra su superyó, proyectándolo imaginariamente en ellos.

Cuando Lacan nos dice que un hombre puede ser devastador para una mujer, lo que nos señala no es un mero detalle entre otros acerca de lo femenino. La experiencia psicoanalítica nos muestra cuán relevante es esta cuestión, pues la devastación que una mujer puede padecer en una relación amorosa con un hombre, se constituye como el punto privilegiado para que una entrada en análisis tome como dirección el tratamiento de lo real del goce mortificante. Muchas otras cuestiones pueden ocupar la subjetividad de una mujer que va en busca de un psicoanálisis, y por esas otras vías algunos efectos terapéuticos pueden inclusive producirse, pero cuando la cuestión central del análisis de una mujer no es definida sobre el eje de la devastación, inclusive los efectos terapéuticos podrán no tener mucho alcance.

El superyó en las mujeres

Para situar el modo como funciona el superyó en las mujeres, tomo como formulación principal una proposición extraída de las elaboraciones de Éric Laurent en la clase del 18 de diciembre de 1996, en el Curso de Miller "El Otro que no existe y sus comités de ética".[16] Dijo Laurent: "Las mujeres creen más en el juez que en la Ley".

Para fundamentar esa afirmación, Éric Laurent se apoyó en una cita de Freud, de su conferencia sobre la feminidad,[17] en la que Freud dice que la niña permanece en el Edipo con el padre durante un tiempo indeterminado, modificándolo más tarde, pero de forma imperfecta, de modo que la formación del superyó se ve afectada por esas circunstancias. A partir de esta referencia freudiana, Laurent entonces nos dice: "la formación del superyó sufre por estas circunstancias y nunca llega a ser verdaderamente impersonal. El padre queda marcado por un apego tierno que seguramente orienta y hace que la creencia

---

16 MILLER, J.-A.; LAURENT, E. (1996-97). El Otro que no existe y sus comités de ética, clase del 18 de diciembre de 1996. Buenos Aires: Paidós, 2005.
17 FREUD, S. (1933 [1932]). Conferência XXX: Feminilidade. In: *Obras Completas, op. cit.*, V. XXII.

femenina siempre apunte más al juez que a la ley".[18] De esta formulación de Éric Laurent se pueden destacar las tres proposiciones más importantes acerca del superyó en las mujeres:

> 1. El superyó nunca llega a ser verdaderamente im-
> personal,
> 2. porque sufre de un resto de amor del Edipo con el
> padre;
> 3. por eso, la creencia femenina siempre se dirige
> más al juez que a la ley.

Eso se aproxima a lo que Freud formula acerca del superyó en *El malestar en la cultura*, cuando dice que la estructuración del superyó se efectúa en dos tiempos.[19] El primer tiempo de la instalación del superyó se constituye a partir de una
'autoridad externa', a la cual el niño se somete solamente por un
motivo: por el miedo de perder el amor. Al concluir el Edipo —
inicio de la segunda etapa de estructuración del superyó — los
niños internalizan esa 'autoridad externa', convirtiéndola en una
'autoridad interna' en forma de leyes morales, lo cual resulta en
el superyó en los hombres. Los hombres creen en la ley moral,
como dijo Lacan en su texto "Kant con Sade",[20] creen en una
ley que haga de su acción una medida universal que sirva para
todos. Y este superyó se vuelve un fastidio para los hombres, sus
pensamientos hacen mucho ruido porque están siempre muy
ocupados con las reglas que podrían orientar sus actos, pero
que se vuelven una afirmación de su culpabilidad, por ejemplo:
"Yo debería haber hecho eso la semana pasada, pues no habría
ocurrido esto hoy." Cuando los hombres andan muy callados,
ensimismados, con frecuencia es porque su superyó los tiene

18 MILLER, J.-A.; LAURENT, E. (1996-97). El Otro que no existe (...). *Op.
Cit.*
19 FREUD, S. (1929). O mal-estar na civilização. In: *Obras Completas, op.
cit.*, V. XXI.
20 LACAN, J. (1966/1998). Kant com Sade. In: *Escritos. Op. Cit.*

ocupados. Mientras tanto, sus mujeres también andan muy ocupadas en su delirio con la Otra, preguntándose ¿"En quién estará pensando?". Así es, cada cual con su delirio atormentador.

Los hombres creen en la ley que haga de su acción una medida que sirva para todos. Y las mujeres, a diferencia de los hombres puesto que su Edipo no se termina, conservan un resto del vínculo amoroso con su padre, lo cual determina que su superyó nunca llegue a ser verdaderamente impersonal. Así, basándonos en Laurent podemos concluir que la 'autoridad externa', 'el juez', se mantiene articulado al 'miedo de perder el amor', fijando esas dos características fundamentales al funcionamiento del superyó en las mujeres. Las mujeres se someten al juez, proyectado primero en su padre, después en su pareja, y con frecuencia se someten al extremo a sus dictámenes en función del miedo de perder su amor. Esto se manifiesta cuando las mujeres se inclinan más hacia sus propios deseos, y especialmente cuando ellas son tomadas por sus deseos eróticos, sus pasiones femeninas singulares. Cuando esto sucede, les surge el temor superyóico: "¿Qué va a pensar él de mí?"

Las mujeres de hoy dicen: "Soy una mujer liberada, mi sexualidad no es motivo de conflicto moral, soy dueña de mi cuerpo y tengo el derecho de hacer lo que quiera con él; pero la sociedad está ahí, siempre dispuesta a culpabilizarme". Por consiguiente, el juez, además del padre, del marido o del compañero, puede estar por todos lados como una proyección paranoica de su superyó en "todo el mundo". Entonces, ella se detiene y dice 'No' a sus deseos por "lo que todo el mundo pueda pensar".

Laurent dijo que las mujeres no creen tanto en las leyes porque ellas tienen mucha afinidad con la falla del Otro, con los bordes de lo simbólico, con sus límites en relación a lo real. Por ello, por estar muy cerca de ese límite, no creen en la ley; y por eso pueden burlarse de las leyes, pueden dejar de preocuparse por las reglas, que más bien les parecen ridículas. Puede que ellas huyan de las leyes, pero del juez no, porque creen firmemente en él.

Durante algún tiempo Freud consideró, por el hecho de que el Edipo no termina en las mujeres, y también por su indiferencia ante las leyes, que su superyó era más frágil, más suave, lo cual no es muy acertado, ya que es tan devastador y terrible como en el caso de los hombres, pero de modo diferente. El propio Freud, en otro momento, señaló los indicadores de la ferocidad del superyó en las mujeres cuando dijo, en su texto *El yo y el ello*,[21] que "es especialmente en la histeria y en los estados de tipo histérico, donde encontramos la predominancia del sentimiento de culpa inconsciente". Por ende, cuando una mujer dice "yo no me culpo de nada, hago lo que quiero", ella afirma que en el plano de la consciencia no está preocupada por las leyes, pero su gran temor de "¿qué van a pensar de mí?" es un testimonio de su sentimiento de culpa inconsciente, tan "inconsciente" que está fuera de la palabra, fuera del inconsciente definido como cadena significante. Mi experiencia de fin de análisis me permitió constatar que ese "sentimiento de culpa inconsciente" solamente puede ser subjetivado y reducido en su ferocidad en tanto se nombre el rasgo del objeto voz que daba consistencia al semblante de ese juez terrorífico.

Al propio Freud no le parecía bien este término 'sentimiento' cuando se refería al "sentimiento de culpa inconsciente", pues afirmaba que la represión no recae sobre los sentimientos, los afectos, sino sobre los representantes de las representaciones de la pulsión; pero no encontró otro término más adecuado para referirse a esta culpa que se mantenía fuera de cualquier subjetivación. Por consiguiente, este "sentimiento de culpa inconsciente", que está fuera de la palabra, y es el modo por excelencia de hacerse presente el goce superyóico en las mujeres, tiende a producir sus efectos silenciosamente y, por ello, el estrago que causan con frecuencia llega a grados muy extremos.

Lacan, en su Seminario *L'insu que sait de l'une-bévue s'aile a mourre*,[22] en la clase del 14 de diciembre de 1976, dice que el

---

21 FREUD, S. (1923). O ego e o id. In: *Obras Completas, op. cit.*, V. XIX.
22 LACAN, J. Le Séminaire, Livre XXIV, L'insu que sait de l'une bévue s'aile à mourre. In: *Ornicar?* n°12/13, dezembro de 1977. Inédito em livro, aula de 16 de novembro de 1976.

"amor por el padre" sostiene el eje de la histeria, y de este modo hace consistir el inconsciente. Es decir, que la histeria se sustenta en el amor al padre, lo que implica también que la creencia en el inconsciente tiene su lastre en el amor al padre; y esto nos lleva a concluir que sin la creencia en el amor al padre, la creencia en el inconsciente no se sostiene.

La práctica psicoanalítica me ha mostrado que el Edipo de las niñas con su padre queda marcado desde el principio por la represión de la corriente erótica. Y esta constatación es algo precioso en la clínica psicoanalítica. Cuando la niña sale del Edipo con su madre y entra al Edipo con su padre, en esa transición la corriente erótica es aplastada por la represión, de tal suerte que el pasaje del Edipo con la madre al Edipo con el padre introduce a la niña en la fase de Latencia. Esto es fundamental. Aunque Freud no lo haya afirmado así explícitamente, articulé sus formulaciones a lo que mi práctica me ha demostrado: El amor edípico por el padre hace consistir la operación de la represión en las niñas y, de ese modo, también hace consistir la suposición del inconsciente, a través del cual se puede construir el saber reprimido relativo al erotismo de la niña con su padre.

Es importante tomar en cuenta que ese pasaje del Edipo con la madre al Edipo con el padre es referido por Lacan, en su artículo "La Significación del Falo",[23] como una transferencia en el sentido analítico del término. Lo cual implica que la demanda de saber dirigida a la madre es transpuesta al padre. Demanda a través de la cual la niña esperaba saber cómo 'ser amada como mujer'. Respuesta que ella nunca obtiene de la madre, lo que resulta en una profunda decepción llena de odio. Esto es lo que impulsa el pasaje del Edipo hacia el padre, en el que esa demanda de saber se le transfiere. Paralelamente, se efectúa también una operación de transferencia del superyó, de la madre al padre; y así, el padre pasa a ser concebido como el juez que le determinará a la niña su 'ser' en cuanto 'mujer'. Gracias

---

23 LACAN, J. (1958). A significação do falo. In: *Escritos. Op. Cit.*

a esa transposición podrá sobrevenir un cierto apaciguamiento de la devastación antes experimentada por la niña a través
del superyó materno, pues la creencia en el amor del padre la
lleva a suponer que por medio de ese amor va a encontrar una
respuesta dignificante para su 'ser' de mujer. Apaciguamiento
de la devastación que surge así del 'amor al padre' concebido
como recíproco, al mismo tiempo que la vertiente erótica de la
sexualidad de la niña es reprimida y resguardada en las fantasías
inconscientes.

Por consiguiente, 'el amor por el padre' viene a ser la envoltura que mantiene latente la vertiente erótica del Edipo con
el padre. Y esta es una cuestión fundamental en la práctica del
psicoanálisis en la actualidad, ya que el 'amor por el padre' está
en declive. Por eso, encontramos en las neurosis de las mujeres contemporáneas el semblante de un padre más consistente
como 'padre erotizado' que como 'padre del amor', lo que tiende
a ampliar la vertiente devastadora articulada al goce femenino.

Será el amor al padre lo que va a fomentar la envoltura
del goce femenino, haciendo consistir las fantasías inconscientes de seducción sexual del padre, que están en el centro erótico del Edipo de la niña, instituyendo en esas fantasías al padre como el agente del impulso que la hace gozar sexualmente.
Cuando este amor del padre es cuestionado o pierde su consistencia, la devastación puede producirse como el efecto esencial
de la mortificación superyóica en el goce femenino.

De este modo, articulados en un mismo enlace que hace
consistir la histeria tenemos: la creencia en el amor del padre,
las fantasías eróticas inconscientes, el goce femenino, el "sentimiento de culpa inconsciente". La creencia de la niña en el amor
del padre la hace suponerse como "la única", "su princesa", suponiendo que si fuera mayor, su padre la preferiría a ella y no a
su madre. Por otro lado, la vertiente erótica reprimida del sueño
de seducción del padre, se instituye como terreno fértil para la
culpa inconsciente de la niña con relación a su goce femenino,
despertado por el enamoramiento por su padre.

Ya dijimos que este sentimiento de culpa inconsciente

fuera de la palabra, surgido del Edipo con el padre, también mantiene la proyección paranoica del imperativo devastador en los hombres, como si el imperativo de goce viniera del otro — "yo no tendría motivos para sentirme mal, es él quien hace que me sienta sin ningún valor" — lo que resulta en el desafío histérico, que es un mecanismo defensivo esencial en la posición feminista. El desafío histérico tiene en la mira castrar al padre para reducir la potencia de ese grande Otro que le despertó su goce femenino, castrar al amo del saber sobre su subjetividad como mujer, castrar al compañero, o a todo aquel que se erija como semblante del superyó, constituido por su amor femenino por él. "Lo amo y lo odio". De ahí se instituye el odio-enamora-miento de las mujeres. Tal estrategia se mantiene, así, como un mecanismo de defensa en la histeria, muy privilegiado hoy día, para tratar de destruir la potencia viril de los hombres, bajo la suposición de estar eliminando su superyó, pero que resulta en una guerra sin fin porque equivoca su punto de mira. Y ¿qué pasa con los hombres que sufren toda la ferocidad de la lucha de las mujeres contra su superyó, proyectado paranoicamente en ellos?

La declinación del amor cortés

Hoy día ya no se hacen promesas de amor, señal del mu-tismo propio a nuestra época que de este modo le pone término a la etapa del movimiento civilizatorio en que floreció el amor cortés. Nosotros, psicoanalistas, proponemos que el ocaso del amor cortés se debe a la vigencia del discurso capitalista, res-ponsable de la caída de la función paterna, de la caída de los significantes amo. De todo eso es culpable el discurso capita-lista, culpable del declive del amor cortés, ¿e inclusive del amor en las parejas entre hombres y mujeres? El gran peligro para la práctica psicoanalítica es abordar esta cuestión desde el punto de vista sociológico.

Zygmunt Bauman, sociólogo polaco que ha sido bastante citado por nuestros grandes psicoanalistas, no tiene esta visión tan apocalíptica del amor. Él no considera que se trate de decadencia del amor, sino más bien propone que el amor ha cambiado de forma, y que tiene ahora la misma forma de nuestra sociedad actual. Bauman denomina el mundo de hoy "mundo líquido", fluido, "sociedad líquida". Y estima que esta sociedad líquida impone una nueva forma de amor, al que a su vez denomina "amor líquido", título de su libro *Amor Líquido – Sobre la fragilidad de los lazos humanos*.[24] Bauman afirma que el "amor líquido" se debe a la gran variedad de modelos de relaciones, dada la gran libertad de elección y cambio de parejas, donde el sueño del amor eterno se sustituye por relaciones tan fluidas como las virtuales, y ante las cuales bastaría apretar la tecla 'delete', sin gran consternación, para cortar cualquier fijación de libido.

Una ginecóloga brasileña, mujer muy hermosa e hipermoderna — de alrededor de 50 años, pero que gracias a los adelantos de la ciencia conserva el aspecto de una mujer de 30 —, me dijo: "Es increíble, me enamoro y me desenamoro muy rápidamente" —refiriéndose a "la montaña rusa" del enamoramiento, del movimiento del éxtasis a la devastación —, y cuando eso le ocurre, de inmediato: "ya no quiero a ese hombre, entonces lo dejo y luego me enamoro de otro... es increíble cómo me olvido de aquel hombre que ya no es nada para mí". Su problema subjetivo empezó cuando ya no pudo olvidar a uno de la serie.

Para abordar la cuestión del amor en este "mundo líquido" de Bauman, Lacan, en cierto momento de su enseñanza, nos orienta a tomar como punto de partida al abordar a cualquier sujeto, no la perspectiva del Otro social de Bauman, no el predominio del Otro simbólico sobre el sujeto, sino la perspectiva del goce, es decir, de la sexuación, del modo de goce asumido ante lo real de la diferencia anatómica entre los sexos. Hay un real del cuerpo, no en el sentido de la determinación de los instintos orgánicos, sino de lo real anatómico del cuerpo, y la

---

24 BAUMAN, Z. *Amor líquido: acerca de la fragilidad de los vínculos humanos*. Madrid: FCE, 2005.

lectura simbólica de ese real sostenida por una decisión de goce ante ese real. Cada uno se sostiene en su versión de goce, articulada a su lectura de lo que significa para sí mismo esa diferencia que hay entre su cuerpo y el cuerpo de otro sexo, que tiene pene o no lo tiene.

Por lo tanto, la subjetivación de la sexuación tiene como punto de partida el encuentro del sujeto con lo real anatómico de su cuerpo. De tal modo que no basta decir que para el psicoanálisis no importa si alguien nació orgánicamente hombre o mujer, y que la cuestión de la sexuación es enteramente independiente de lo real anatómico del cuerpo, proponiendo que bastaría simplemente sostener una posición masculina o femenina. Pues no, esto no es exactamente así, ya que verificamos en el ejercicio del psicoanálisis que, por ejemplo, la economía de goce en las variantes de la homosexualidad en los hombres es muy distinta de aquella en las variantes de la homosexualidad en las mujeres; incluso las neurosis obsesivas o histéricas en los hombres son también muy diferentes de las mismas neurosis en las mujeres. A propósito, Nieves Soria Dafunchio, colega nuestra argentina, miembro de la AMP-EOL, en un seminario realizado en Salvador, Bahía,[25] afirmó que hay psicosis masculinas y psicosis femeninas. Más precisamente, propone que la paranoia masculina difiere de la paranoia femenina, y postula que en la paranoia masculina prevalece el delirio de persecución, mientras que en la paranoia femenina hay un predominio de la erotomanía. Esto, por lo tanto, nos impone un esfuerzo para tratar de formular cómo se efectúa la subjetivación de la sexuación en las psicosis sin el recurso de la significación fálica.

Siguiendo la orientación de Lacan, que la práctica psicoanalítica confirma, debemos abordar a los sujetos a partir de su modo de goce, es decir, a partir de su modo de goce en tanto sexuado. Teniendo en mente el mundo líquido de Bauman, este mundo líquido actual, me pregunto ¿Cómo nadan, o se ahogan, los hombres y las mujeres, cada cual con su modo propio de

---

25 SORIA, N. Como traçar a direção da cura nas psicoses. Seminário proferido na EBP-BA, Salvador, 2009.

subjetivar su sexuación, en el amor líquido de Bauman? Más precisamente, ¿cómo gozan de este amor líquido, según su sexuación? Esta, me parece, sería una pregunta clave.

Esto equivale a preguntar cómo hombres y mujeres se han servido de la vigencia del discurso capitalista para gozar de sus parejas sintomáticas; lo cual no implica que el discurso capitalista determine el modo de goce, sino que se trata de saber cómo los sujetos utilizan este lazo social para gozar conforme su sexuación en cuanto hombre, o en cuanto mujer. Una cita de Lacan, de *El Seminario, Libro XVIII*, nos será útil a este respecto:

> Lo importante es lo siguiente: la identidad de género no es sino lo que acabo de expresar con estos términos, 'hombre' y 'mujer'. Claro que la cuestión de lo que surge precozmente sólo se coloca a partir de que, en la edad adulta, es propio del destino de los seres hablantes que se distribuyan entre hombres y mujeres. Para comprender el énfasis que se pone en esas cosas, en este caso, es necesario darnos cuenta de que lo que define al hombre es su relación con la mujer y viceversa.[26]

Considerando seriamente esta perspectiva lacaniana, propongo una implicación directa entre la histeria contemporánea de las mujeres y el declive de lo viril en los hombres de hoy, inclusive se puede plantear la hipótesis de que el declive de lo viril no podría haber sido engendrado en la historia de la civilización sin la contribución, o inclusive la imposición, de su lazo sintomático con las mujeres.

Entonces, volvamos a hablar de amor. Las palabras de amor, las promesas de amor eterno en las cartas de los enamorados, ¡ya no se declaran!

Volvamos también un poquito en el tiempo para recordar que, en cierto momento, un fenómeno nuevo se produjo en la civilización: En el siglo XII, el sueño de amor eterno, que es

---

26 LACAN, J. (1971). *O Seminário, Livro 18, De um discurso que não fosse semblante*. Rio de Janeiro: Jorge Zahar, 2009.

el corazón secreto de la feminidad, alcanzó el estatuto simbólico en la civilización a partir del surgimiento del amor cortés, cuando el caballero gentil empezó a ofrecer palabras de amor a la dama inaccesible. Este fue un hecho raro, pero se mantuvo solamente a lo largo de 7 siglos. Durante este período floreció la escritura de cuentos de amor imposible y la vinculación de los amantes a través de las cartas de amor, de tal suerte que esta transposición de la palabra hablada a la palabra escrita le proporcionó un estatuto de verdad a la creencia en el amor cortés. Esta es mi hipótesis.

Siguiendo la historia de la civilización, después del surgimiento del amor cortés, vemos que la libertad social para formar una pareja con base en el amor solo fue posible a principios del siglo pasado, al mismo tiempo que surgió el feminismo de manera decisiva en la sociedad.

El feminismo se instituyó inicialmente con la lucha de las mujeres por su independencia, por la libertad de elección. ¿Pero, libertad de elección para qué? Para elegir una pareja con la cual vivir. Tomándose en serio las declaraciones del amor cortés, e intentando ponerlo a prueba, ¿qué hicieron las mujeres? Emprendieron la lucha contra las tradiciones de la familia patriarcal, que determinaba cómo y con quién se habrían de casar. En su apuesta feminista, las mujeres empezaron su lucha contra sus padres, contra la autoridad paterna, para tratar de apartar a este juez de su destino, a quien suponían culpable de la imposibilidad de realizar su sueño de amor eterno. Para ser libres de elegir su pareja de amor eterno, las mujeres destituyeron a la autoridad paterna valiéndose de su ingreso al mercado de trabajo, pues así quedarían libres para vivir de amor.

Así, podemos ver en la génesis del feminismo, que este tomó como objetivo el desafío a la autoridad paterna, a aquél que era concebido como el juez que decretaba la línea del destino de las mujeres. Podemos suponer, a partir de esto, que lo que impulsó el feminismo fue la apuesta en las promesas del amor cortés, instituyendo con su ímpetu el ocaso de la imago paterna.

Creo, por tanto, que el gran motor del feminismo fue impulsado por este sueño, como una apuesta en las promesas del amor cortés que emergían en el campo simbólico de la realidad social.

¡Oh! ¡Lindo y esplendoroso amor! el del caballero servil curvándose embriagado de amor ante su Diosa: La Mujer imposible. Pero, a partir del avance del feminismo, este lindo sueño de amor de inmediato empezó a desvanecerse. ¿Por qué?

Es muy posible — y estas son suposiciones mías – que otro hecho nuevo haya sido generado por el amor cortés. Seguramente, a partir de la apuesta de las mujeres en las promesas de amor eterno, la dama inalcanzable pasó a hablar también en respuesta al llamado de su enamorado. De este modo, de las entrañas del amor cortés nació una nueva mujer con el poder que las declaraciones de amor le confieren: el poder de la réplica. Y cuando ella comenzó a hablar, probablemente la desgracia comenzó a abatirse sobre la virilidad del amante, reduciendo sus promesas de amor eterno a la ridiculez de meras falacias.

Y hoy, realmente, las declaraciones de amor eterno son consideradas ridículas. Por ejemplo, la hija de la ginecóloga que cité hace poco, que tiene cerca de 15 años, empezó a salir con un chico y, según los comentarios de su madre, ya era muy evidente que ambos estaban enamorados, pero todavía no le habían dado a ese vínculo entre ellos el nombre de noviazgo. En Brasil, a este tipo de relación no asumida, y sin compromiso, se le llama "*ficar*" (quedar) o "*estar ficando*", que es algo así como salir juntos y a veces tener relaciones sexuales, sin considerarse una relación amorosa formal. Es una relación que no puede ser llamada "noviazgo", pues no se estableció ningún compromiso de derechos y deberes entre ellos. Es un tipo de vínculo muy común, al estilo de las relaciones "líquidas" de Bauman, acerca de las cuales no se puede decir que haya efectivamente un compromiso efectivo en esos vínculos entre los *partenaires*, pues nunca se sabe bien a bien si un nuevo encuentro volverá a suceder, o si la denominación "novios" será establecida en algún momento. Esto se convierte en un gran tormento para las chicas cuando se enamoran de un "*ficante*" ('ligue'/ 'rollo').

Pues bien, esa muchacha estuvo saliendo con el joven casi todos los días durante dos semanas y, de repente, se rehusó a salir y se quedó en casa. Su madre, preocupada, le preguntó qué sucedía, y la chica respondió: "ya no quiero hablar con él", que la llamaba por teléfono pero ella nunca atendía sus llamadas. "¿Por qué terminaste con él antes de empezar?" preguntó la madre, y la chica respondió "él me empezó a mentir, me dijo: te amo". Y ante esto la madre, horrorizada, constató en su hija hasta qué grado llegan los efectos del feminismo actual, ya que hoy día los hombres no pueden decir palabras de amor porque son consideradas "mentiras"; más bien, ellos tienen que demostrar su veracidad de muchas maneras, siempre más y más, resultando en algo muy complicado.

Y así, vemos que ya no se pueden decir palabras de amor. Y mi pregunta es: ¿Será que en el amor cortés reside la génesis libidinal del feminismo, la extraordinaria oportunidad para que el desafío histérico asestara su golpe certero a la impostura fálica del amante? Desafío histérico sostenido por la proyección superyóica del juez culpable de la devastación femenina, ya que el descreimiento feminista en las palabras de amor hace incidir en el éxtasis del enamoramiento sus efectos mortificantes.

De este modo, tenemos hoy, después del amor cortés, pos-amor-cortés, una nueva pareja en el centro erótico de nuestro "mundo líquido" de Bauman: La supermujer, potente y castradora, con su hombre desvirilizado.

La mujer superpotente con su hombre desvirilizado.

De un lado de la balanza, que mantiene el equilibrio erótico de la gramática fantasmático-pulsional, tenemos a La Mujer polifacética en sus diversas potencias, super-supermujer. Y del otro lado de la balanza de las parejas, ¿qué tenemos? ¿Qué podemos decir acerca de estos hombres de hoy?

¡Oh, pobre amante eterno cada vez más raro, cada vez más difícil de encontrar, y mantener!, pues él acaba pagando el precio de la economía de goce del superyó de las histéricas. Para aquellos que sobreviven al primer encuentro con esta amante liberada, y que aún sobreviven en su sustentación de deseo y toman a esta mujer como suya ¿qué les queda?

Les resta, nada más y nada menos, que "discutir la relación", lo que Éric Laurent define como la propia estructura del matrimonio contemporáneo. Así lo propone en la misma clase del 18 de diciembre de 1996, ya citada, del curso de Miller *El Otro que no existe y sus comités de ética* y formulando de modo más preciso, nos dice que esto corresponde a "discutir el abismo de la relación", lo que no funciona en las parejas.

"¡Vamos a discutir la relación!", propuesta proferida por las mujeres, que tiene fundamentalmente un punto de mira: castrar a su pareja, exigir que a través de este supuesto diálogo él admita sus fallas, se culpe, se retracte, prometa cambiar, y después vuelva a admitir que falló nuevamente. Entonces, el supuesto valor "políticamente correcto" de esa propuesta — que todo se resuelve conversando – no es nada más, ni nada menos, que un golpe certero de la navaja afilada del sadismo feminista. Y después que este hombre decaído, herido de muerte en su virilidad, aún permanece en la pareja, el requinte sádico-histérico podrá descargar su último golpe mortal frente al macho moribundo en sus últimos suspiros de vida, disparando: "¡Sé hombre!".

Así se establece el lastre de goce mortificante en las parejas contemporáneas de hombres y mujeres. De un lado de la balanza tenemos a la mujer multipotente que ataca sádicamente a su pareja, instituido como agente de su devastación por la proyección imaginaria de la lógica infernal del superyó. Y del otro lado de la balanza tenemos el partenaire, que acepta de buen grado hacerse el castrado, sosteniéndose a su vez en el goce superyóico obsesivo de hacerse objeto desecho, corroído por la culpa que afirma: "realmente soy una mierda". Así, esta pareja-sintomática superyóica se sostiene del goce mortificante en el matrimonio contemporáneo.

¿Qué les sucede a los hombres?

Para orientar el tratamiento de esa cuestión, retomaré un término que Lacan utiliza para nombrar a los hombres, en su "Conferencia de Ginebra sobre el Síntoma".[27] A diferencia de los nombres insultantes que las mujeres con frecuencia les dirigen impulsadas por su goce superyóico, la denominación propuesta por Lacan es para mí una expresión muy linda, y al mismo tiempo instigadora: *Drôle d'oiseau*, que se traduce como "ave-rara" o "pájaro-raro".

Llamar al hombre "pájaro" me remite a un proverbio popular, muy común en Brasil también, que dice: "Más vale un pájaro en mano que muchos volando", el cual encontré parafraseado como chiste en uno de los mensajes que tienen amplia circulación entre las mujeres a través de la internet: "Más vale besar un hombre feo que mirar a dos lindos besándose". Un chiste que tiene la propiedad de expresar la ambigüedad actual de las mujeres, donde "vale más besar un hombre feo", es decir, "vale más un hombre en la mano, aunque desvalorizado" — en el campo de la elección narcisista de objeto conforme el yo ideal — "…que mirar dos lindos besándose" — ahora se agrega, en el plano de la enunciación del deseo, una intensificación del sadismo feminista, es decir: "los hombres que deseo y que no tengo son todos maricones".

Entonces, restituyendo al hombre su denominación de "pájaro", sobreentendido en el proverbio que actualmente las mujeres están usando, se denuncia la condición del hombre de objeto causa del deseo femenino en su valor agalmático, en la medida en que el "pájaro," en cuanto animal, es un ser vivo muy gracioso, muy atractivo, pero al mismo tiempo difícil de alcanzar y mantener en las manos sin aplastarlo, sin correr el riesgo de reducir, o inclusive destruir, el valor resplandeciente de sus movimientos en libertad que le confieren toda su gracia.

---

27 LACAN, J. (1975). Conferencia en Ginebra sobre el síntoma. In: *Intervenciones y textos 2*. Buenos Aires: Manantial, 1988.

Pero cuando Lacan nombra al hombre "pájaro", lo hace usando una palabra compuesta — *drôle d'oiseau* — lo que le agrega el sentido de "raro", "extraño"; como también el sentido de "cómico", que hace reír por su originalidad y su singularidad, es decir, también "bizarro", "sorprendente" y "curioso". Por eso, darle al hombre el nombre de "pájaro-raro" es para mí algo muy ingenioso, muy especial, pues nos convoca a las mujeres a una gentil curiosidad, en la posición de tratar de entender mejor lo que les sucede a los hombres.

Así, enfatizando el sentido "bizarro", "sorprendente", de esa expresión, podemos preguntar ¿cómo pueden esos pájaros-raros soportar a sus mujeres? Pregunta que las mujeres en general no se hacen a sí mismas, mientras se quedan encerradas en su goce neurótico del amor-odio. Pero en el transcurso de su análisis, cuando empiezan a desligarse de la envidia de pene, lo que casi siempre sucede en la zona nebulosa del final del análisis, les empieza a intrigar ese pájaro-raro, formulando las preguntas:

— ¿Cómo puede el hombre, con relación a sí mismo, soportar el enorme peso de un falo que no tiene?
— ¿Cómo soporta, con relación a sus parejas, que le quiten sus plumas todos los días?
— ¿Cómo es posible que aún no hayan renunciado a hacer pareja con las mujeres?

Freud, en su texto "Pegan a un niño"[28] ya nos indicaba la base erótica que puede estar articulada al goce superyóico masculino de someterse al sadismo de una mujer. Para fundamentarla, se refiere a las razones que mantienen salvaguardada en el eje central de las neurosis masculinas, una fantasía erótica de ser cogido, poseído, por una mujer, en que el hombre retrocede de su posición de macho por amor al padre. A partir de la

---

28 FREUD, S. (1919). Uma criança é espancada. In: *Obras Completas, op. cit.,* V. XVII.

formulación freudiana de que en esa fantasía central "ser gol-
peado" equivale a "ser amado sexualmente", podemos plantear
que el goce superyóico masculino de dejarse maltratar por el sadismo feminista podría muy bien estar íntimamente articulado
a una fantasía erótica de ser cogido por una mujer.

Un caso clínico, que una psicoanalista me presentó a
partir de una cuestión que la intrigaba, lo demuestra muy bien:
¿Es una perversión o una neurosis? Esa psicoanalista atendió
en un hospital público a un hombre que se quejaba de que su
mujer lo maltrataba, le decía insultos terribles en cualquier lugar, incluso lo golpeaba frente a cualquier persona en las calles,
frente a su familia, sus amigos, sus hijos, y lo hacía casi todos los
días. En la primera consulta, él habló bastante de su sufrimiento
por esos malos tratos. Y luego, la analista le preguntó: "¿Hace
cuánto tiempo vive con ella?" El hombre respondió: "20 años". Y
la analista, con un semblante de asombro, le preguntó: "Y usted
¿cómo ha soportado eso durante 20 años?" En ese momento, un
brillo apareció en su mirada y dijo: "Ah!... cuando ella empieza a
gritar y a golpearme, mi pene se endurece, entonces espero que
pase todo aquello e inmediatamente vamos a nuestro cuarto y
tenemos relaciones sexuales".

Por tanto, esta posición de los hombres actuales, de mantenerse desvirilizados ante sus mujeres, puede muy bien estar
vinculada al rasgo fantasmático, fetichista, singular a cada uno,
como un intento estructural de todavía salvaguardar el amor al
padre. Partiendo del destino de la pulsión que consiste en una
inversión de la impulsión en dirección al propio yo, es concebi-
ble que en esos casos ocurra un cambio hacia el yo de la posición de objeto 'a' que estaba destinada a una mujer en su rasgo
fetichista fantasmático.

En el ejercicio del psicoanálisis aprendemos a tomar en
consideración la gran fuerza de esas dos impulsiones de goce en
la subjetividad de un hombre, tanto del imperativo de su goce
superyóico, como también del predominio del goce erótico de
su rasgo perverso masculino. Ambas mantienen la potencia que
con frecuencia determina la dirección de la vida de un hombre,

principalmente cuando esas dos impulsiones se mantienen anudadas en un mismo lazo.

No obstante, considerar únicamente esos dos factores como determinantes de la posición desvirilizada que los hombres tienden a encarnar actualmente, no me parece suficiente. Sería conveniente examinar también otra vertiente, que se mantiene muy discreta en la subjetividad de un hombre, y por ello lleva a suponer, inclusive por ellos mismos, que el poder de esa otra vertiente discreta para determinar su vida es mínimo o nulo. Así, mi pregunta se dirige a la importancia del amor en la posición de goce de los hombres actuales.

"Un hombre, cuando ama, es una mujer"

A diferencia de la posición subjetiva más evidente adoptada por las mujeres respecto al amor, con sus tormentos avasalladores nutridos por la demanda incondicional de amor, ¿qué les sucede a los hombres ante su necesidad estructural de hacerse amados? Para abordar esta cuestión, tomo como proposición guía un enunciado de Pierre Naveau, ex-AE de la ECF (École de la Cause Freudienne), pronunciado en la ciudad de Belo Horizonte durante la Jornada de la Escola Brasileira de Psicanálise-MG del año 2000: "Un hombre, cuando ama, es una mujer".

Así lo declaró Pierre Naveau, apoyándose en la formulación de Lacan de que "amar es dar lo que no se tiene", lo cual implica necesariamente que la posición de amante contiene en sí la condición de castrado. Partiendo de esta proposición, podemos plantear que la sustentación de la posición masculina entraña una desvalorización de la vertiente amorosa, para mantener al frente la preeminencia de la vertiente erótica al constituirse una relación amorosa, como un mecanismo defensivo fundamental de la identificación imaginaria viril del hombre en cuanto dotado de falo. Pero eso no quiere decir que los hombres no sepan amar — de lo que suelen quejarse las mujeres — pues, aunque conserven claramente en su subjetividad el rasgo perverso de su fantasía sexual, acaban por escoger una mujer entre las otras como su objeto de amor privilegiado.

Y lo más importante que hay que decir ahora acerca de esas aves raras, apoyada en esa noción de que, en su función fundamental de alienación al lazo con el Otro, el amor se instituye como el eje que articula las vertientes vivificadoras y mortificadoras del goce, es decir, que articula el erotismo y el superyó en el lazo con la pareja sintomática. Frente a estas mujeres presuntamente liberadas, independientes y capaces, que se presentan con el blasón "ya no creo en el amor", este nuevo hombre pos-amor-cortés afortunadamente permanece como un soldado remanente de una guerra perdida, que no desiste de la vertiente adorable de la lucha entre los sexos y propone un sitio de tregua. Este nuevo hombre, que no ha renunciado a su anhelo de ser amado por una mujer, en lugar de hacer sus declaraciones de amor, pues las mujeres ya no creen en esas palabras, ya no creen en su demanda de amor en el campo de lo dicho, como lo hizo Miller — "señoras, ámennos" — este hombre formula su súplica por la vía del semblante, utilizando sabiamente algunas estrategias propias a la histeria.

¿Cómo incita al amor para formar pareja con las mujeres?

Vistiéndose con un nuevo ropaje, el hombre (hiper)moderno hace surgir el metrosexual, que intenta feminizarse con los aderezos propuestos por las mujeres actuales, entregándose a ellas como su nuevo juguete. Y así, permitiéndose "feminizarse", hace un llamado al romanticismo. Súplica muda de ese hombre, tan frágilmente dependiente del amor de una mujer para mantenerse vivificado en su armadura obsesiva.

La hipótesis que estoy considerando seriamente en mi práctica psicoanalítica es que los hombres tienen una necesidad fundamental de sustentarse en un lazo amoroso con una mujer para seguir vivos, no quedarse solos, encerrados en su fantasía erótica autista, y en el tormento superyóico obsesivo de sus pensamientos, que es autista también, tolerando su opción: "Es mejor que una mujer me atormente a que yo me atormente solo".

Y así, la posición de desvirilizado ha sido la estrategia apaciguadora que el nuevo hombre ha utilizando para crear lazo de amor con las mujeres. Para tratar de preservar el amor que podría ser nutrido, él se presenta ya bajo el semblante de castrado, destituido de cualquier potencia fálica que haga recordar alguna sombra de aquello que las feministas definen como machismo. Es así que los hombres cultivan la decadencia de lo viril como un modo de hacer una invitación al amor.

La pregunta principal de mis formulaciones es la siguiente: Frente a la Cabeza de Medusa que corporificó el discurso de la dama inalcanzable, ¿es posible que los hombres hayan provocado la vertiginosa caída de la imago paterna, la caída de los significantes amo identificatorios, la inconsistencia del Otro como regulador de las leyes universales?

Y para finalizar, la pregunta central de mi hipótesis de trabajo: ¿Es posible que ellos hayan provocado todo eso sólo para hacer existir el sueño de amor?

Discusión

Alicia Hadida: Escuchando a las pacientes en consulta, pareciera que el amor de ese hombre que todavía busca el amor de una mujer no es fácil de encontrar aquí. La queja de las mujeres es que "no hay hombres disponibles".

Lêda: Lo mismo sucede en Brasil. Las mujeres dicen: ¿"Dónde están los hombres? Ya no hay hombres". Por otro lado, los hombres jóvenes cada vez más solicitan el análisis porque se sienten destrozados, sufren de amor. Esta es una nueva demanda analítica de los hombres jóvenes. Interesante, ¿no?

Alicia Hadida: Entonces, el hombre joven va a hacer un análisis porque sufre de amor.

Lêda: Y hay mujeres que, cuando creen que el hombre con quien salen no les va a proponer que sean "novios", sino que quiere seguir solo como "ligue", "rollo", y al mismo tiempo ven indicios de que él está enamorado, pero que la duda obsesiva lo detiene, sin que asuma la etiqueta "somos novios", estas muchachas empiezan entonces a "salir" con todos los demás al mismo tiempo y, en nombre de una supuesta autenticidad, le cuentan que andan con ellos. Valiéndose de ese semblante de autenticidad, las mujeres muy fácilmente montan sus estrategias de ataque a los sentimientos de los hombres.

Alicia Hadida: También vienen parejas, pero quien quiere el análisis es el hombre y la mujer no. El hombre siente que lo escucha alguien en cierto modo imparcial, que va a poder señalar lo que la mujer hace con sadismo, por decirlo de algún modo.

María López: Sobre lo que estabas diciendo de la mujer moderna, me pregunto si lo ves como algo universal, por lo menos en occidente; si algo de esta mujer moderna es universal, o si es algo peculiar a Estados Unidos, a la mujer en Estados Unidos. Por ejemplo, como se ve en los episodios de *Sex and the City*, la mujer con un hombre más joven. O sea, de esta mujer moderna hay algo en particular de la mujer en Estados Unidos, y la conexión con el capitalismo puro que se ve acá.

Lêda: Hay dos espacios culturales y geográficos que impulsaron el feminismo: Estados Unidos y Europa. Y muchos países de otros espacios geográficos, por efecto de la globalización, están en este mismo mar del amor líquido de Bauman. Eso ocurre en Brasil, aunque haya espacios todavía tradicionales, pero la pregnancia de la televisión y del internet, que ocupan todos los espacios, hacen una mezcla muy rápida donde encontramos familias que tienen fuertes raíces patriarcales con las marcas de esta hipermodernidad también muy claras. Pero creo que se puede localizar aquí en Estados Unidos el aspecto más evidente, más caricaturesco de esta nueva posición de las mujeres, que se dicen portavoces de las verdades extraordinarias acerca de la subjetividad humana, a través del uso de este endeble discurso denominado lo "políticamente correcto". Me parece que la fisonomía de esta mujer actual ya se hace muy evidente en varias culturas. En Europa, un país nórdico conocido por la antigua tradición desbravadora, potente y salvaje de sus hombres, Islandia, tuvo en las dos últimas décadas una misma presidenta electa democráticamente a lo largo de tres gestiones consecutivas, período en que las mujeres alcanzaron un poder económico, político y social mucho más amplio que aquí en Estados Unidos. Hay muchas cosas ocurriendo en el mundo a ese respecto.

Juan Felipe Arango: A los hombres no les gusta vivir solos, les hace falta algo del amor... pareciera, ¿no? Y es verdad, en las sociedades antiguas el cuidado de los hombres era siempre delegado... Si un beato, si un hombre se quedaba soltero, tenía siempre la opción de recibir los cuidados de las hermanas, etc. Y el núcleo familiar de alguna manera lo acogía. Digamos que en la modernidad eso ha desaparecido, pero también — y no sé si es mi apreciación — lo que empezamos a descubrir es que los hombres empiezan a pensar la soledad como una opción; es decir, que estadísticamente va en incremento la cantidad de hombres que acaban viviendo solos y sustituyen la compañía femenina — bueno, no sé si la sustituyen, pero por lo menos se hacen de los aparatos, de los *gadgets*: de la computadora, del buen carro. Y es claro, es evidente que salen ocasionalmente pero no quieren...; se levantan solos, se hacen solos el café. Es un poco eso, que pareciera que también en ellos comenzara a aparecer esta vertiente del "no". Sin el Otro. Es verdad, cae en lo que tú llamabas el autismo de ese goce, sí, perfecto, pero empieza a ser una opción para ellos también. La pregunta está en esos términos, pareciera que por un lado viene avanzando toda una corriente que invita precisamente a los sujetos a desligarse del Otro, no hacer pareja, no insistir en el asunto del amor. Pero, a la vez, hay toda una vertiente del padecimiento que eso conlleva, y por eso las adecuaciones que cada uno encuentra en las pantomimas del amor que hoy se proponen. Pareciera que, en esta vía, si bien cae el amor cortés, aparecen otras vías — aunque el amor cortés también sería algo de la pantomima — pero son pantomimas nuevas que todavía no podemos detectar. Pensaba, por ejemplo, en el mensaje de texto... No hay más amor cortés...

No lo sé, el mensaje de texto es un poco la versión moderna de la carta en el amor cortés, lo que pasa es que es minimalista.

Lêda: Los mensajes de celular?

Juan Felipe Arango: Sí. Hoy las chicas, por ejemplo las adolescentes, esperan que el lunes el chico con quien salieron el fin de semana les escriba un mensaje. Le pregunté a una: "¿Qué esperabas?" "Un mensajito"... "¡Ah, Me escribió!" "¿Qué te escribió?" la chica dice: "*What's up?*" No es mucho, es solo eso, *What's up*! ¡Qué tal!

Lêda: Es como si estuviera reducido a un signo. Un signo para decir me acordé de ti, pienso en ti. Pero si le dijera: "Mi amor, eres muy linda, te adoro, bla bla". No.

Juan Felipe Arango: No. Inclusive dicen: *What's up bitch*! (¡Qué onda, piruja/ bruja!)

Lêda: Dices algo importante acerca de los hombres, porque les están pasando muchas cosas nuevas; por ejemplo, hay un aumento de prácticas homosexuales en muchos hombres machos.

José A. García: Sí... personas que están casadas, pero tienen una pareja gay.

Lêda: Esto nos invita a interrogarnos acerca de la histeria masculina. He estado observando en la práctica psicoanalítica que hay un aumento de la obsesionalización en las mujeres. Se trata de neurosis obsesivas que no funcionan del mismo modo que las neurosis obsesivas en los hombres. Del lado de los hombres, verifico que ellos se inclinan más a hacer prevalecer el núcleo histérico que hay detrás de sus defensas obsesivas, que hace que se confundan mucho, inclusive hace que se supongan homosexuales. Aprendí algo muy interesante con Nieves, cuando estuvo en Bahía, acerca de las neurosis histéricas en los hombres, al establecer una diferencia radical entre la histeria en los hombres y la histeria en las mujeres. Ambas son preguntas acerca de lo que es una mujer, pero de modo diferente.

Una mujer histérica, cuando se pregunta qué es La mujer, se queda atrapada del lado macho del cuadro de la sexuación, del lado del Todo, intentando una identificación al hombre, una identificación imaginaria, a la manera del clásico caso freudiano de Dora,[29] que se interrogaba qué es ser mujer a través de su identificación imaginaria al Sr. K. De cierto modo, las mujeres ya lo saben, pues cuando se miran en el espejo queriendo encontrar a La Mujer en su imagen reflejada en el espejo, intentan mirarse como suponen que serían miradas por un hombre, intentan verse como él las vería, identificándose imaginariamente al hombre para tratar de descubrir lo que este hombre desearía en ellas. Entonces se atrapan del lado masculino, en ese intento de sostener identificaciones fálicas para encontrar la respuesta a qué es lo femenino según el deseo masculino. Esto, ellas lo saben muy bien. Pero ¿y los hombres? ¿De qué modo se interrogan sobre 'lo que es La mujer'?

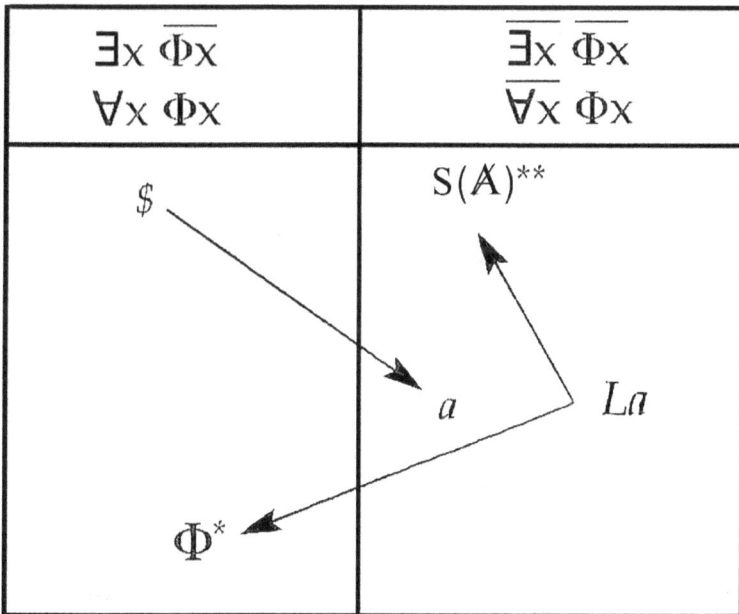

$$\exists x \, \overline{\Phi x}$$
$$\forall x \, \Phi x$$

$$\overline{\exists x} \, \overline{\Phi x}$$
$$\overline{\forall x} \, \Phi x$$

$S(\cancel{A})^{**}$

$\$$

a

La

Φ^*

Eje de la cuestión histérica en las mujeres.
**Eje de la cuestión histérica en los hombres.*

---

29 FREUD, S. (1895). Estudos sobre a histeria. In: *Obras Completas, op. cit.* V. II.

He aquí la gran herramienta que Nieves nos dio: El hombre histérico no se atrapa del lado macho para preguntarse acerca de lo que es La mujer, él se coloca más bien del otro lado, del lado del no-Todo, del lado femenino, para intentar responder a la pregunta a partir de su cuerpo, de lo que siente en su cuerpo y no a partir de una identificación masculina.

De tal suerte que podemos decir que la pregunta histérica de los hombres sobre 'Lo que es La Mujer' pone al desnudo que la auténtica interrogación histérica es una interrogación sobre el goce femenino, sobre el goce del cuerpo que está fuera de los límites fálicos, para el que se busca, por tanto, un nombre de Mujer. Lo cual me lleva a plantear que, tanto para los hombres como para las mujeres, la histeria es una pregunta sobre el goce femenino, es una pregunta sobre cómo nombrar eso que es innombrable. Las mujeres intentan nombrarlo a través de la identificación fálica. Los hombres intentan nombrarlo a partir de la sensación de ese goce en su cuerpo y, de ese modo, los hombres histéricos abren una interrogación sobre su proprio cuerpo.

El falo permite construir una imagen del cuerpo, haciendo del cuerpo una unidad. El falo como algo que se quita, que se pone fuera, también permite engendrar el sueño de querer conservarlo imaginariamente, y de ese modo, el falo construye el Todo del cuerpo y hace el cuerpo cerrado masculino, pero siempre resta una puntita de esa imagen que permanece abierta, que apunta por tanto para el S($\mathcal{A}$)del lado femenino del cuadro de la sexuación. Y en un hombre histérico esa puntita es un poco mayor, como si su cuerpo no cerrara completamente, como si la significación fálica no fuera suficiente para cerrarlo. Esto tiene que ver con sus sensaciones corporales, con de algo de una apertura ahí en el campo de la pulsión anal, a través de la cual un hombre intenta acercarse al goce femenino en su cuerpo, pero acaba interpretando ese goce del cuerpo por la vía de la significación fálica, y de esa manera se interroga: "¿Soy homosexual?, ya que siento algo extraño en mi cuerpo."

La interrogación acerca de ese goce extraño en el cuerpo de un hombre podrá también surgir a partir de la apertura simbólica promovida por el amor. En mi práctica encuentro hombres que después de un amor muy devastador con una mujer por quien estuvieron muy enamorados y sufrieron mucho, empiezan a tener relaciones sexuales con hombres, que a menudo ellos consideran algo mucho más simple que tener que enfrentar una relación con las mujeres.

Recibí en el consultorio a un hombre que nunca había tenido una pareja mujer y que se presentaba frente al Outro como un "gay digno". Él no se nombró así, yo lo nombro aquí así para tratarlo como un caso clínico. Era un hombre de razonable cultura, muy respetado incluso en su posición de gay en la sociedad, que mantenía para sí esa nominación imaginaria de gay con mucho orgullo y dignidad, cuya entrada en análisis fue muy precisa, pues logró colocar desde el principio una cuestión centralizada en su complejo paterno, lo que permitió la emergencia de la suposición del inconsciente. Por tanto, era un hombre con buena inclinación hacia la histerización discursiva. Siguiendo su análisis y hablando de las mujeres en su adolescencia dijo: "a mí me gustaban las mujeres, me encantaban las mujeres, pero era una cosa tan complicada…"

Le pedí que me explicara. "Las mujeres eran para mí como un mapa de las minas del tesoro". Yo escuché el "tesoro", pero él dirigía su atención hacia otro lado, ocupándose de los detalles obsesivos muy complicados para un hombre cuando se aproxima de una mujer: "Para dar el primer paso de aproximación tenemos que descifrar el primer enigma, después de que lo descifras y piensas que le llegaste a la mujer, ¡qué chasco!, ahora viene otro enigma y tienes que descubrir adónde vas, en qué dirección y de qué manera, ¡y después otro enigma, y uno más!. Es muy trabajoso y desistí de eso. Entonces empecé a coger con mis amigos, que es ¡mucho más simple!"

Le pedí que me explicara, "¿Cómo más simple?". Me respondió: "Es como si fuera un acuerdo comercial. Basta mirar y el otro comprueba con su mirada qué también quiere, nos acercamos y hacemos un trato de inmediato acerca de nuestras preferencias eróticas. Vamos, cogemos y después, todo bien.

Simple." Mediante estos datos clínicos vemos cómo este hombre se preguntaba lo que es LA mujer, desde su punto histérico en cuanto hombre. Sin embargo, seguramente la angustia avasalladora ante ese enigma siempre reiterado frente a las mujeres que le fascinaban, lo hizo retroceder para abrigarse en los acuerdos simplificados, no enigmáticos, con los hombres.

Bien, él tenía una pareja, un hombre que lo amaba, y al mismo tiempo mantenía relaciones sexuales con otros hombres con el consentimiento amoroso de su pareja. Su proceso de análisis siguió, hasta el momento en que, hablando de su fascinación por su madre, a quien describía como una mujer "magnífica", "esplendorosa", se da cuenta de que él tenía un deseo enloquecido por las mujeres, mientras que lo que sentía por los hombres era solo una cosita. En ese exacto momento, se levantó abruptamente del diván y me dijo: "No creo que vine a hacer análisis para darme cuenta de que soy un heterosexual no asumido". Con esto crea un chiste en ese momento de perplejidad, usando al revés una expresión muy popular en Brasil — homosexual no asumido (*enrustido*) — utilizada como crítica a los gays que esconden sus prácticas homosexuales del Otro social. A través de ese chiste, "soy heterosexual no asumido", ironiza su orgullo gay, transformándolo en un mero semblante que esconde su masculinidad.

Yo no sé muy bien lo que son las homosexualidades en los hombres, pues hay muchas diferencias en sus posiciones subjetivas, pero creo que es posible encontrar siempre ahí alguna dificultad de acercarse a las mujeres. En algunos casos, verificamos que su punto de histeria se abre a partir de una incertidumbre a respecto de lo que sienten en su cuerpo, que hace que se confundan con la nominación imaginaria de gay. Y creo que muchos hombres están escogiendo vivir solos, buscando una comodidad que les garantice un goce accesible, "fácil", no cuestionador, no angustiante, que les dé acceso a un goce inmediato. De ese modo establecen lazos con sus *gadgets,* con sus prácticas homosexuales desvinculadas de la vertiente amorosa; viven con sus animales domésticos, gatos, perros; y los niños también están llegando a este nuevo lugar de objeto fetiche para los hombres, inclusive se está viendo un gran aumento de la pedofilia, especialmente con los propios hijos. De esto vamos a hablar esta tarde. Y creo que debemos considerar que ese aislamiento de los hombres agarrados a sus objetos fetiche tiene también alguna relación con el rechazo de las mujeres actuales, por no consentir con hacerse semblante de objeto de la fantasía sexual de los hombres; así, ellos van a buscar su objeto de goce en otro lugar.

Isolda Arango-Álvarez: Lêda, muchas gracias. Quiero preguntar y hacer un comentario sobre esta cuestión a la que te referías sobre la identificación y la feminidad. Porque me parece que la histeria es como el paradigma de la pregunta de qué quiere una mujer y qué es ser una mujer, y en casos muy particulares uno puede ver cómo se presenta puntualmente "ser mujer cómo quien", siempre la cuestión del ser está jugada en relación a otra y es un problema de identidad. Y esta es como la gran paradoja de que justamente cuando se trata de la feminidad, del lado femenino, para acceder a toda esta cuestión del goce femenino y de todo lo que se juega allí, esa pregunta tiene que caer. Porque toda esa pregunta va signada por las coordenadas de lo fálico, de la significación fálica. Me parecía justamente muy paradójico, que para acceder a algo de lo que es ser mujer la pregunta de cómo ser una mujer o ser cómo quién tiene que desaparecer o tiene que caer por lo menos.

Lêda: Perfecto. Así anticipas algo de lo que voy a hablar por la tarde. Y así es. Cuando esta pregunta se cierra, cuando el sujeto en su proceso de análisis se suelta del soporte fálico, de la creencia en el padre, ya no necesita preguntas sobre su ser, porque no se puede explicar lo que es su ser. Resta solamente aceptarse así, como también las otras cosas de la vida.

***

El niño como objeto 'a' de la fantasía de la madre

Hasta ahora les he presentado mis formulaciones acerca de las parejas sintomáticas hombre-mujer en el contexto de la subjetividad de nuestra época. Los hijos de esas parejas jamás podrían generar su estructura subjetiva sin los efectos de goce que se derivan de ellas. El ocaso de la función paterna, el declive de lo viril, y la deslumbrante ascensión del poder de las mujeres, que se yergue sobre la decadencia fálica de los hombres, transportan al niño al puesto más elevado de la civilización, situándolo como objeto condensador de goce de la familia y de la sociedad. Su resorte propulsor no podría ser sino el predominio de la fantasía de la madre, quien aloja al niño en el trono del objeto 'a' que reina en el cenit de nuestra civilización. Es el objeto condensador de goce más majestuoso y agalmático que cualquier *gadget* producido en el dominio del discurso capitalista.

Desde el surgimiento del concepto de 'niño' como sujeto en desarrollo, concepto formulado durante la transición de la Edad Media a la Edad Moderna, del cual Rousseau fue uno de sus grandes mentores, nunca antes había alcanzado el niño un puesto tan elevado en la civilización, en el que goza y paga el pernicioso precio que ese goce conlleva.

Esta proposición: "El niño como objeto 'a' de la sociedad, de la familia y de la fantasía de la madre", forma parte de las elaboraciones de Éric Laurent en su artículo "Las nuevas inscripciones del sufrimiento en el niño",[30] en el que postula que la familia ya no puede ser concebida según la fase clásica del Edipo, cuando estaba estructurada alrededor del Ideal y del goce del Padre, conforme la versión freudiana en "Tótem y tabú".[31] El niño en cuanto objeto 'a' de la civilización se instituirá como el objeto de goce en torno del cual la familia será estructurada.

---

30 LAURENT, E. Novas inscrições do sofrimento da criança. In: *A Sociedade do Sintoma – a psicanálise hoje*. Rio de Janeiro: Contra Capa, 2007.
31 FREUD, S. (1913). Totem e tabu. In: *Obras Completas, op. cit.*, V. XIII.

En un periodo reciente del siglo pasado, presenciamos el cambio de la familia patriarcal a la llamada "familia nuclear", que muy rápido tendió a desaparecer, pues hoy día ya no prevalece la familia comandada por una pareja. Lo que podemos asegurar, más precisamente, como nos orienta Laurent, es que a partir de los escombros del patriarcado, la nueva estructura de la familia se ha generado en torno al niño como objeto 'a', cuyos componentes, sean quienes fueren — una pareja heterosexual, una pareja homosexual, una madre, un padre, una abuela, no importa quién — se van a constituir ahí como vehículo de funciones simbólicas e imaginarias que favorecen el aparejamiento de ese objeto de goce. Los componentes de la familia sustentan así las funciones de instrumentalizar, envolver, enlazar, estructurar los contornos en torno a lo real del goce situado en el niño como el propio eje de esa estructura, al mismo tiempo que promueven la emergencia, la extracción, la producción del niño como objeto 'a' a partir del montaje de esa estructura. Por lo tanto, hay familia hoy cuando alguien asume los cuidados de aparejar ese objeto de goce que es el niño. De tal manera que la familia contemporánea no es sino este objeto 'a' aparejado. Se fue la época, no muy distante, en que la familia todavía podía ser definida en función del padre.

Para sus planteamientos sobre esta cuestión, Éric Laurent partió de la definición de "niño como objeto 'a' de la fantasía de la madre", propuesta por Lacan en una carta dirigida a la Sra. Jenny Aubry, publicada en *Otros Escritos*, en un artículo que recibió el título de "Nota sobre el niño".[32] En esa carta, Lacan señala dos posibilidades para el síntoma del niño, una de las cuales formula de la siguiente manera: "El síntoma del niño puede representar la verdad de la pareja parental. Ese es el caso más complejo, pero también más accesible a nuestras intervenciones." Hemos adoptado esa proposición de Lacan para definir la construcción fantasmática de la posición del sujeto como sexuado en una estructura neurótica. Mediante la inci-

---

32 LACAN, J. (1969). Nota sobre a criança. In: *Outros escritos*. Rio de Janeiro: Jorge Zahar, 2003.

dencia del NP en el Deseo de la Madre, el niño construirá una ficción acerca de la verdad sexual de la pareja parental, y desde ahí instituirá su posición fantasmática central en la estructura neurótica, como hombre o como mujer.

Considerando la segunda posibilidad acerca del síntoma del niño llegaremos a la posición que este ocupa en la contemporaneidad. En la carta ya mencionada, Lacan dice: "La articulación se reduce mucho cuando el síntoma [del niño] que prevalece deriva de la subjetividad de la madre," y continúa: "Aquí es directamente como correlato de una fantasía que el niño es implicado". Eso sucede, dice Lacan, cuando el Nombre del Padre no asegura eficazmente la función de establecer la pregunta sobre el deseo de la madre como un enigma y, así, "...deja al niño expuesto a todas las capturas fantasmáticas", de tal manera que el niño "se vuelve el 'objeto' de la madre y ya no tiene otra función sino revelar la verdad de ese objeto", realizando así la presencia de lo que Lacan designa como "objeto a".

Esa segunda posibilidad del síntoma del niño sitúa bien la posición del sujeto psicótico, ya que en la estructura psicótica no hay presencia, rastro, o la más mínima posibilidad de inscripción del NP. Sin embargo, debemos tomar seriamente en consideración que los efectos de la fantasía de la madre siempre estarán presentes en la subjetividad de cualquier sujeto, aun cuando la función paterna llegue a servir de resguardo para esa invasión de goce; aun cuando la función paterna se efectúe en sus mejores consecuencias, siempre habrá un remanente de la fantasía de la madre que dejará marcas en la subjetividad de un sujeto, ahí donde el Nombre del Padre, en su función de producción de la significación fálica, no podrá capturar todo lo incapturable del goce de la madre. Quedará siempre un residuo, y no pequeño: el residuo de la madre en cuanto mujer. Inclusive si el sujeto construye una ficción sobre la verdad de la pareja familiar, un gran residuo silencioso del goce de la madre sobrará ahí. En este sentido, mientras la función paterna sea menos operativa, esté más manca, en declive, tal como caracterizamos el contexto subjetivo de nuestra época, más y más la fantasía de la madre marcará sus efectos sobre la estructuración de un sujeto.

Retomando la proposición de Lacan, en la que nos dice que el niño "se convierte en el 'objeto' de la madre, y ya no tiene otra función que la de revelar la verdad de ese objeto", pregunto ¿A qué verdad del objeto se refiere Lacan? Para plantear mi hipótesis acerca de esta cuestión, creo que aquí podemos encontrar una sincronía entre la fantasía de la madre y el anhelo más primitivo del humano de anexar su ser al Otro, para que de ese modo pueda subjetivar su existencia. Lacan, y nosotros los lacanianos, le hemos dedicado bastante espacio en nuestros escritos a este anhelo humano de constituir su ser a través del Otro. Mi interés ahora se dirige hacia otro aspecto de esta cuestión: el de la madre aquí implicada en su subjetividad.

En esta línea puedo adelantar la siguiente hipótesis: La posición del niño como objeto 'a' de la fantasía de la madre tiene que ver con la posición de objeto a través de la cual ella dejará fluir el goce femenino de su fantasía central en cuanto mujer sexuada. Esta posición de objeto fantasmático lo denuncian las propias palabras de las mujeres cuando son tomadas por el goce femenino del enamoramiento: "¡Que venga!", "¡Que me lleve!", "¡Que me tome!", "¡Que me bese y me devore de amor!".

Pero las mujeres tienden a refutar la posición de objeto-partenaire sexual del hombre, pues se aferran a la idea de que en ese modo de goce se verán destituidas como sujetos. Y así es, hasta cierto punto tienen razón, pues en el momento del deleite del goce femenino, las intensas vibraciones de ese goce en el cuerpo tienden a empalidecer las referencias simbólicas e imaginarias que le dan soporte a un sujeto, experimentando esa intensidad de goce como un instante de muerte como sujeto. Pero ese modo de experimentarlo es propio a ese momento de extrema inundación de goce, ¡y nada más! El problema de esta cuestión se reduce a que las mujeres tienden a confundir la sensación de ese goce, con un modo de "ser" objeto, lo cual resulta en devastación. A esto se debe la propensión de las mujeres a guardar distancia del goce femenino, resguardándolo en recónditos rincones de su subjetividad.

¿Qué se puede decir acerca del goce femenino?

No es fácil definirlo, por lo que expondré algunas de mis ideas más recientes, sin preocupación por fundamentarlas con rigor. Considero que el goce femenino no es un privilegio de las mujeres, pues puede llegar a ser un privilegio de los hombres también, sin destituirlos de su condición de macho. Eso tal vez no necesariamente en un fin de análisis. Ese goce podrá ser experimentado por un hombre si llega a hacer un buen uso del amor, contingentemente, un buen uso de la erotomanía del amor por su objeto causa de deseo encarnado en una mujer, haciendo operar la avidez de ese goce desmedido a favor de su posición como macho, en el éxtasis de ese raro encuentro.

Lo que denominamos goce femenino se refiere al goce pulsional que no puede ser capturado por la significación fálica, ni por el delirio singular de los psicóticos; goce pulsional que queda sin nombre, sin ley, sin medida, y que tiene la propiedad de irradiarse silenciosamente sin dejar rastro identificable.

Las mujeres tienen la suerte, o el infortunio, como muchas prefieren proclamar, de tener una mayor proximidad con ese goce, precisamente porque en el campo de lo femenino la cuestión relativa a la identidad de la mujer no puede ser ubicada por la vía de la significación fálica, por eso ellas están más abiertas a la proximidad de ese goce.

El goce femenino es un goce que no está localizado en una zona erógena específica, no puede ser contabilizado — al experimentarlo, una mujer no podría decir: "tuve cinco goces femeninos" —, y tampoco puede ser alcanzado por la palabra. Por ello, lo que diga una mujer en busca de una aproximación a ese goce, se acercará más a un "no sé", "no sé qué me pasó", "como que me ausenté de mí misma…" Goce que no es regulable por ninguna ley, que no es sinónimo de orgasmo, pero que puede manifestarse como un orgasmo ilimitado. Recuerdo las palabras de una amiga que nunca se analizó, que me decía que ella tenía algo en el cuerpo fuera de lo común desde muy temprana edad, y que cuando el primer hombre de quien se enamoró se aproximaba, y lo sentía cerca aun sin que sus cuerpos pudieran siquiera rozarse, todo su cuerpo empezaba a gozar y trepidar. Este es un ejemplo de que el goce femenino también se puede manifestar en forma de un orgasmo extraño, que no corresponde a las denominaciones que se encuentran en los manuales que pretenden explicar la sexualidad femenina, caracterizando el goce femenino como orgasmo clitoriano, vaginal, o localizado en el llamado punto G.

En las referencias psicoanalíticas encontramos diversas formas de ubicar la manifestación de ese goce femenino, ya sea como éxtasis, embeleso, arrebatamiento —como los santos de la iglesia católica cuando experimentaban una elevación del espíritu, de la vida mundana al campo celestial —, o como un desvanecimiento que puede ser confundido con un desmayo, con un pozo sin fin, o también puede ser experimentado como una expansión del ser inconmensurable, más allá de los límites del cuerpo; inclusive podría ser descrito como un desaparecimiento del ser. Una paciente me decía: "Hoy ando en ese estado... ando en las nubes, no siento que piso el suelo." Y se asustaba, le daba pavor eso que no sabía decir qué era.

En última instancia, yo diría que el goce femenino encuentra las condiciones propicias para su emergencia en los fines pasivos de la satisfacción pulsional. No es exclusivo de las mujeres, pero es más propio a lo femenino, en la medida en que definimos lo femenino como el hacer uso de la posición de objeto. Los impulsos de la pulsión encuentran los medios para lograr siempre su satisfacción, sea a través de los fines pasivos de la satisfacción pulsional o a través los fines activos — Así lo formuló Freud en su texto "Pulsiones y destinos de pulsión".[33] Lograr la satisfacción a través de los fines pasivos de la pulsión

---

33 FREUD, S. (1915). Os instintos e suas vicissitudes. In: *Obras Completas, op. cit.,* V. XIV.

no implica que un sujeto tenga que 'ser' un objeto para el otro —, esa es la confusión que surge en la interpretación inevitable que hacemos de ese modo de goce. Gran equivocación de interpretación, tanto en las neurosis como en las psicosis, que extiende los daños que padece un sujeto cuando es presa de los mortíferos imperativos superyóicos, imperativos a menudo ataviados con el semblante de Otro, o el semblante de una ley, o de una norma que surge como un imperativo de "debe ser". De tal manera que, cuando un sujeto permanece fijo en una posición de objeto ante los imperativos del superyó, se vuelve presa de la creencia, o la certeza, de que la posición de objeto es equivalente a su propio 'ser'. Nuestro querido Freud nos enseñó magistralmente que el 'ser' no tiene nada que ver con ese asunto, pues para llegar a una satisfacción pulsional a través de los fines pasivos de la pulsión, lo cual no es sinónimo de pasividad, es necesario que un sujeto trabaje duro; es necesario que el sujeto constituya un Otro, al que es necesario atribuir un poder impositivo, para así ofrecerse como objeto para él. Por lo tanto, no estamos frente a ninguna pasividad, al contrario, se trata de un trabajo exhaustivo, agotador, que con frecuencia consume casi toda la energía vital de un sujeto cuando se aferra a la creencia de que la posición de objeto es su destino de 'ser', yendo directamente hacia la mortificación.

Volviendo al tema del niño como objeto 'a' de la madre, mi hipótesis es que precisamente esa posición de objeto relativa al goce femenino será desplazada, proyectada, localizada en el niño cuando una mujer sea tomada por la maternidad, para que, así, ella llegue a disfrutar el goce femenino a través del amor materno, en eso que llaman "un amor ¡infinito, indecible, absoluto, incondicional, eterno…!" Como si ahí ella estuviera en contacto con algo sublime, trascendental, que la toma por completo y la ultrapasa, exactamente en el momento subjetivo en que localiza en el niño la posición de objeto en la que ella misma se sitúa, en su propia fantasía, como mujer. Y de ese modo, como nos dice Lacan, "el niño aliena en sí cualquier acceso posible de la madre a su propia verdad, dándole cuerpo, existencia, e inclusive la

exigencia de ser protegida".[34] Así, la verdad de la madre que el niño abriga en la posición de objeto 'a' se refiere a lo que hay de más íntimo en una mujer, a la posición de objeto que le permite disfrutar el goce femenino.

Digamos, por tanto, que este es un mecanismo defensivo, y de cierto modo apaciguador, para que una mujer deje fluir su goce femenino, desplazando la posición de objeto que ella tanto refuta en su relación con un hombre, transfiriéndola al niño, de tal manera que, así, pueda extraer la satisfacción del éxtasis del goce femenino, a través de lo que ella denomina amor materno. Lo que no sucede con frecuencia sin pagar el precio del surgimiento de la angustia.

Seguramente fue por esa razón que en su artículo "El niño entre la madre y la mujer",[35] Miller dijo que "...la madre angustiada es aquella que no desea, o desea poco, o mal, en cuanto mujer." ¿Qué significa eso? Que la angustia materna es el propio testimonio de la presencia de ese objeto casi al desnudo de la subjetividad de la madre. Al situar al niño como objeto 'a' de su fantasía, la madre se angustia exactamente porque ante ese objeto ella se confronta con ese punto central relativo al goce más íntimo de su subjetividad, que ella refuta como mujer en su lazo con el hombre. Esa es una angustia que tiende a revestir lo real con un semblante engañoso ubicado en el hijo en cuanto objeto —desecho: "dependiente", "desprotegido", "defectuoso", "desfallecido", "enfermo", "débil", "problemático", etc., según el caso; de tal manera que, mientras más se angustia la madre, más y más se retroalimenta esa angustia. Es una angustia que de esa manera no favorece la separación, sino lo contrario.

Con la ascensión del niño como objeto 'a' de la civilización, el prototipo de la madre actual es la madre angustiada. Y no solo la madre, como también el padre, a quien le gustaría ser madre, especialmente al hombre contagiado por las declaracio-

34 LACAN, J. (1969). Nota sobre a criança. *Op. Cit.*
35 MILLER, J.-A. A criança entre a mulher e a mãe. In: *Opção Lacaniana - Revista Brasileira Internacional de Psicanálise*, n. 21. São Paulo: Edições Eolia, 1998.

nes de las mujeres hoy día, que exigen para sus hijos un padre gentil, amoroso, que resuelva las cosas a través del diálogo, es decir, un padre femenino. En la actualidad, padecen de angustia aquellos que hacen del niño un objeto condensador de goce. Sabemos de sobra que los profesores se angustian ante la pregunta ¿Qué es educar? Hoy día ya no sabemos qué es ser padre, qué es ser madre, ni qué es educar. Y en función de eso hay una proliferación de respuestas en manuales de educación en las librerías, en los puestos de revistas, en programas de televisión…, por todos lados. Y mientras más proliferan esas respuestas, más y más se intensifica la angustia, porque esas normas universalizantes no dan cuenta del goce silencioso asociado al niño como objeto 'a'.

La gran importancia de esta cuestión relativa al puesto que ocupa el niño hoy día, prestando su ser para la función de objeto condensador de goce de la estructura de la familia y de la sociedad, consiste en verificar de qué modo eso causa daños cada vez más irreversibles en la estructuración del sujeto. Algunos estragos ya son bastante evidentes, como la acentuada multiplicación de los actos de transgresión infantil, frente a los cuales responsables y educadores no logran encontrar el recetario "políticamente correcto" que tanto buscan para tratar de contener ese proceso de desregulación del goce, el cual a menudo lleva a la delincuencia juvenil, a la proliferación y prevalencia de las toxicomanías en los hombres, a los trastornos alimentarios en las mujeres, y a la inclusión del catálogo de la fenomenología perversa en la sexualidad supuestamente normal.

No sorprende que en los consultorios escuchemos a adolescentes que inician su vida sexual en una posición subjetiva apartada de la cuestión relativa a su identidad sexual, es decir, sin el soporte de la fantasía que opera la subjetivación fálica de la sexuación en cuanto hombre o mujer, ya sea con una autodenominación como "bisexual", de manera que da lo mismo acostarse con hombre o con mujer, con un(a) novio(a), o con un(a) amigo(a), con alguien anónimo, ocasional, con una persona o con dos o más al mismo tiempo. En ese distanciamiento de la subjetivación del sexo, impera en los sujetos una fobia a la dimensión del amor y al encuentro de su cuerpo con la encarnación del objeto causa de deseo en el cuerpo del otro; lo que lleva a privilegiar el goce autista vehiculado en la panacea virtual. Esa diversidad de contactos sexuales y multiplicidad de performances eróticas se convirtieron en un paradigma de la norma, regidos por la reducción de la incidencia de la significación fálica en los lazos sexuales.

Considero que los efectos más nefastos todavía han de manifestarse, pues ya se anuncian con el aumento del índice de autismo infantil. Mientras más se proclama la vertiente ideal del niño como objeto privilegiado de fijación de los lazos que constituyen la estructura familiar, más se afirma esa vertiente de goce que aleja a los sujetos de la subjetivación fantasmática de su condición humana como sexuado.

Con base en estos argumentos podemos formular que la actual posición del niño como "objeto 'a' de la madre, de la familia y de la sociedad", como lo formuló Éric Laurent, se instituye como el núcleo de goce que engendra la estructuración de las neurosis contemporáneas.

Las defensas obsesivas en las mujeres actuales

"No es correcto decir que la neurosis histérica todavía existe, pero seguramente hay una neurosis que sí existe, que es lo que llamamos neurosis obsesiva" — dijo Lacan en un congreso de la Escuela Freudiana de Paris en 1978; proposición publicada en *Lettres de l'EFP* nº 25.[36] De hecho, es lo que observamos hoy en nuestra práctica del psicoanálisis: mujeres estructuradas en sus neurosis a través de fuertes defensas obsesivas. Y eso sucede cada vez más. Se trata de un anudamiento del goce sintomático en la estructura subjetiva que hace uso principalmente

---

36 IX Congrès de l'EFP sur la transmission. In: *Lettres de l'EFP*, n. 25. Paris: junio de 1979.

del recurso imaginario, o mejor dicho, de una imaginarización de lo simbólico).

Para tratar de este asunto, partiré de las operaciones lógicas de causación del sujeto, de 'alienación' y 'separación', formuladas por Lacan en su seminario *Los cuatro conceptos fundamentales del psicoanálisis*,[37] y también en "Posición del inconsciente",[38] artículo publicado en *Escritos* y producido el mismo año de ese seminario, en 1964. De acuerdo a Lacan, estas dos operaciones se instituyen en una secuencia lógica, en la que primeramente tendríamos la operación de alienación del sujeto al campo de los significantes y, a continuación, la operación de separación de la cadena significante, la cual introduciría un objeto entre el campo del sujeto y el campo del Otro, más específicamente, un objeto fantasmático, definido por Lacan como objeto '*a*'. Sin embargo, es importante resaltar que la secuencia entre esas dos operaciones debe ser entendida como una secuencia lógica, y no propiamente cronológica, pues dichas operaciones mantienen una interdependencia entre sí, es decir, una no se efectúa completamente sin la otra.

Al abordar esas operaciones de causación del sujeto desde la perspectiva de los nudos, es importante tomar en consideración que las identificaciones en el campo simbólico y en el campo imaginario están muy bien enganchadas entre sí, y ubicadas en el goce relativo a ese objeto fantasmático. Precisamente desde este anudamiento se yergue el ropaje de este objeto '*a*' en cuanto Yo ideal — i(a) —, así como también el Ideal del Yo, sostenido en la alienación a un significante amo — S_1 — como soporte identificatorio para que este sujeto se haga representado en el campo de los significantes. De ese modo el Yo ideal y el Ideal del yo, es decir, las identificaciones imaginarias y simbólicas, son dos caras de una misma cosa, ya que están apoyadas en una misma posición de goce. Todo eso es nada más y nada

37 LACAN, J. (1964). *O seminário. Livro 11, Os quatro conceitos fundamentais da psicanálise*. Rio de Janeiro: Jorge Zahar, 1985.
38 LACAN, J. (1960/ 1964). Posição do Inconsciente. In: *Escritos*. Rio de Janeiro: Jorge Zahar, 1998.

menos que el envoltorio de este objeto '*a*' en la constitución de la subjetivación de la existencia en un sujeto en cuanto neurótico sexuado, como una manera de hacerse amable para el Otro.

Ahora bien, ¿qué ocurre con las neurosis contemporáneas debido al declive de la función paterna? Las neurosis actuales nos llevan a preguntarnos, respecto a la 'clínica estructural', sobre el presupuesto de que en un sujeto que se dice adulto todas las operaciones lógicas de efectuación de la estructura ya están firmemente establecidas. Tal presupuesto hace suponer que, para introducir un sujeto en el dispositivo analítico, bastaría hacer emerger su división subjetiva a través de la formalización del síntoma analítico en cuanto incógnita sobre su posición fantasmática de goce. En nuestra práctica actual eso no funciona de esa manera. Ya no se encuentran fácilmente sujetos en la posición histérica, sustentados en condiciones estructurales que les permitan interrogar su alienación al Otro, tomados por una incógnita sobre su posición fantasmática de goce.

Así, la práctica analítica en la actualidad muestra que, desde la perspectiva de la 'clínica estructural', hay neurosis mal formadas, mal estructuradas. Las formalizaciones teóricas acerca de este asunto iniciaron, en nuestra comunidad analítica, a partir de los estudios sobre toxicomanías y trastornos alimentarios. En los trabajos sobre esas sintomatologías, se empezó a hablar de sujetos en quienes la función paterna está manca, de tal modo que la constitución fantasmática que les permitiría asentarse en la subjetivación de su sexuación, para abordar desde ahí a la pareja sintomática, aún no se había establecido en su estructura.

En nuestra práctica encontramos mujeres que se presentan al analista desprovistas de una firme alienación significante y, por lo tanto, sostenidas en una posición más bien de objeto desecho de la madre, objeto de la demanda de la madre, sometidas a los imperativos de la madre.

Encontramos esta misma posición estructural en sujetos con sintomatologías diferentes, pero que, a través de un esfuerzo desesperado más allá de sus condiciones estructurales, tratan de efectuar una operación de separación del Otro, a menudo a través de la actuación, o del pasaje al acto; son sujetos que se afirman en un esfuerzo permanente de efectuar la operación de separación, como sucede también en las anorexias neuróticas. Esto consiste en una tentativa de provocar la angustia de la madre como forma de crear un impedimento para que esa madre deje de ser ese Otro casi absoluto. Pero el problema es que esa estrategia subjetiva dispara el tiro por la culata, pues empieza a extinguir el propio cuerpo del sujeto, mortificándolo a través de las depresiones, o inclusive orgánicamente y, con frecuencia, el precio es la propia vida. Una vía certera en dirección a la muerte, como sucede también en el caso de jóvenes drogadictos que no han salido del autismo, siguen agarrados a su pajarito.

Y aunque encontramos fuertes defensas obsesivas aunadas a la posición de objeto frente a la demanda imperativa de la Madre, verificamos en la práctica clínica que, cuando esas defensas obsesivas imperan, revistiendo la posición de objeto con una vestimenta de Yo ideal, lo que sucede es que los esfuerzos de muchas mujeres obsesionalizadas no procuran causar una apertura de la falta en el campo del Otro, sino por lo contrario.

A respecto de las defensas obsesivas, retomo una proposición de Bernardino Horne,[39] que me parece muy valiosa. Durante un debate, en Bahia, declaró: "la neurosis obsesiva es una burocratización de la fobia". ¡Exacto! Es precisamente eso, la neurosis obsesiva no es sino una gran burocratización de la fobia; organiza todo, mantiene al sujeto ocupado en una serie de procedimientos burocráticos para no correr el riesgo de pasar cerca del deseo del Otro, si no, se angustiaría desesperadamente. Es una defensa justamente para no acercarse a la falta del Otro, manteniendo así una posición fóbica central con relación a ese agujero en lo simbólico. Por eso, esa defensa mantiene al sujeto alejado del ámbito del amor, puesto que el amor tiene que ver con la dimensión de la falta. El amor es precisamente un signo de esa falla en lo simbólico. Para preservar esa posición

---

39 AE da AMP-EBP durante o período 1995-1997

fóbica central, ¿qué recurso utiliza la defensa obsesiva? Un recurso eminentemente imaginario: el recurso del Yo.

Me refiero a defensas obsesivas, y no necesariamente a las compulsiones obsesivas que derivan de esas defensas, a pesar de que sabemos que, cada vez más, aumentan las manifestaciones de ese mecanismo sintomático de las compulsiones, el famoso TOC — Trastorno Obsesivo Compulsivo. Se trata de las medidas defensivas en las que verificamos poca operatividad de la función paterna, en las que los modos de aparejar el goce cuentan con pocos recursos simbólicos para hacer un borde, un contorno alrededor de la fisura del Otro. Por eso, el sujeto no encuentra en su estructura un tejido simbólico consistente que le permita formular una pregunta acerca del deseo del Otro. Sus recursos simbólicos son escasos precisamente porque el padre está manco, es poco operativo en la estructura. De tal forma que la falta del Otro aspira al sujeto hacia un agujero profundamente angustiante, igual a los agujeros negros del universo, justamente porque en los bordes de ese agujero no encuentra contornos simbólicos para sostenerse. Es por ello que el sujeto atrapado en las defensas obsesivas mantiene una posición fóbica central para poder correr lejos de ese agujero, apoyándose en un movimiento espontáneo de la estructura que tiende a recubrir, con el auxilio de lo imaginario, la posición del niño como objeto 'a' de la madre, aparejando ese objeto 'a' con el ropaje majestuoso del Yo ideal — i(a).

Todo eso ocurre, con frecuencia, sin que haya una fijación firme a una identificación simbólica a un S_1 que permita representar al sujeto para otro significante, para un S_2. De tal suerte que las defensas obsesivas tienden a mantenerse un paso atrás, o más bien, firmemente distantes de la división subjetiva. Así, en las defensas obsesivas la operación de alienación a los S_1 identificatorios a menudo queda un poco manca, pues no cuenta con el firme lastre de la instalación de la operación de separación, puesto que retroceder frente al deseo del Otro consiste de una estrategia de no ir adelante en el sentido de operar efectivamente la operación de separación en la estructura.

Los hombres obsesivos, a diferencia de las mujeres obsesivas, cuentan con una posibilidad estructural que muchas veces viene a ser una suplencia muy sólida de protección frente del deseo del Otro. Se trata del recurso del desmentido de la castración a través de un rasgo sexual perverso, que siempre contiene en su eje un elemento fundamental: el fetiche. El desmentido de la castración fija, por tanto, una posición de goce en la que el sujeto toma una distancia radical de la castración de la madre, es decir, de la madre en cuanto esencialmente mujer, o más bien de la sexualidad femenina de la madre. Para establecer esa suplencia, los obsesivos cuentan con un recurso imaginario muy fuerte, de tal forma que en nuestra práctica es actualmente muy difícil lograr que un obsesivo ocupe la posición de sujeto dividido, pues dicha posición requiere un soporte simbólico más fuerte, apoyado en una operatividad más efectiva de la función paterna.

Conocemos las dificultades que se enfrenta en la práctica clínica para que un obsesivo se sostenga en una posición de sujeto dividido; pero hay obsesivos y obsesivos. Es importante tomar en consideración toda una serie de gradaciones, que van desde un fuerte retroceso frente a la división subjetiva, hasta amplias posibilidades de aproximación a ese agujero. Algunos son un poco más abiertos a la histeria; son aquellos que pueden hacer análisis y seguir adelante. Y hay quienes pueden llegar a hacer un Pase al final de su proceso analítico.

Hoy día, en función de la decadencia del Nombre del Padre, las mujeres ya no se presentan al analista desde una posición de división subjetiva, diciendo: "no sé lo que quiero, ya no sé quién soy". Se presentan, más bien, desde su Yo: "Soy así, soy una mujer muy decidida, a mí me gusta tal cosa, soy independiente, capaz, etc." Ese aparejo de la máscara de la feminidad actual ha sido, por excelencia, un recurso privilegiado de las defensas obsesivas en las mujeres, que mantiene una fuerte pregnancia del Yo. De tal modo que las mujeres tienden a anudar su posición de goce, de objeto 'a' de la fantasía de la madre con el ropaje del Yo, en cuanto posición subjetiva central — "soy lo que pienso" — conforme propone la máscara de la feminidad actual.

Por ello, las mujeres contemporáneas sufren mucho de la coacción del pensamiento — "¿La solicita este hombre, o no?", "Si yo lo llamo, ¿qué pensará él de mí?", "si no lo llamo, ¿se olvidará de mí?". Frente a la angustia que surge a través de la duda, intentan salir de ese laberinto atormentador construyendo un *script* de cómo tratar a los hombres. Ya que ellas no cuentan con el *script* del rasgo sexual perverso masculino para hacer lazo con sus parejas, en general andan muy ocupadas en busca de un *script* apaciguador para hacer existir la relación sexual a través del cogito del Yo, el cual tiene una estructura reducida a dos proposiciones articuladas entre sí, que es la propia estructura básica del pensamiento: 'Si..., entonces...'. "Si él me llama por teléfono, entonces hago tal cosa, pero si él no me llama, entonces hago otra cosa". Es una estructura que articula lo simbólico a lo imaginario en una lógica rastrera, reduccionista, que supone la vigencia del estatuto de la verdad, es decir, de una significación absoluta, fomentando una imaginarización de lo simbólico a partir de dos proposiciones mínimas: un axioma condicional primero, que resulta en una conclusión.

Así, mediante la coacción del pensamiento, las mujeres actuales tratan de mantener todo muy bien organizado para sostener la máscara de la feminidad, ocupándose también de la organización interminable de los quehaceres cotidianos, así como de muchas otras cosas al mismo tiempo, para tratar de reafirmar sus elevadas y variadas aptitudes fálicas. Coacción del pensamiento que consiste en una defensa privilegiada de lo imaginario, cuya función es el recubrimiento de la dimensión del deseo; no solo del deseo del Otro, sino también de su deseo como mujer frente al hombre, pues a partir de su deseo ella ya no podrá decirse a sí misma quién es, pues es ahí donde ella surge como Otra para sí misma.

Este imperialismo del pensamiento produce efectos directamente sobre la imagen del cuerpo, donde este es imaginarizado como una unidad, y más específicamente como una unidad perfecta. De tal suerte que la relación de las mujeres con la imagen de su cuerpo, y con las vestimentas y aderezos que lo recubren y lo desnudan, se vuelve una tarea interminable y torturante. Todo eso indica que la coacción del pensamiento es un recurso que trabaja incansablemente para establecer una suplencia nunca alcanzable. Lo que difiere mucho del alivio producido por la división subjetiva, cuando se construyen analíticamente las condiciones estructurales para que una mujer obsesionalizada pueda decir "soy donde no pienso y pienso donde no soy"; lo cual requiere que el analista invente estrategias y tácticas muy especiales para que se logre superar ese gran desafío que se le impone a la práctica del psicoanálisis en la actualidad.

La coacción del pensamiento ha sido la estrategia obsesiva por excelencia para alejar a las mujeres, y también a los hombres, de la dimensión del amor, ya que el amor tiene que ver con la falta y no con la unidad del Yo, con la unidad del cuerpo, con la unidad de las significaciones imaginarias.

En las palabras de Stendhal,[40] "el amor es una flor delicada, pero es necesario tener el coraje de ir a recogerla a la orilla de un precipicio". Formulación poética bellísima, a la que sólo agregaría una palabra además de coraje, una palabra además de la decisión ética del sujeto: 'condición estructural', de la cual deriva la decisión ética del sujeto que efectúa la operación de separación, que sustenta el acto de recoger esa flor a la orilla del precipicio que hay entre los límites de lo simbólico y el abismo de lo real.

Solamente a partir del fin de mi análisis me fue posible formular que la castración es un delirio del neurótico, una ficción, al igual que el padre, la madre y el niño. La castración no es sino una de las piezas de la cartilla del complejo de Edipo, ese *script* producido por la significación fálica, que deriva de la inscripción del NP en el síntoma que amarra una estructura. Ese *script* hace que un humano sea neurótico, pues con él intenta aparejar el goce del cuerpo mediante significaciones fálicas.

---

40 Henri-Marie Beyle (1783-1842), escritor francés conocido como Stendhal.

A partir de la formulación de que la castración es una mera ficción, podemos afirmar que la angustia es esencialmente angustia de separación, como lo propone Miller al nombrar la angustia como "angustia constituyente".[41] La angustia surge de la emergencia del goce en el propio cuerpo, separado del Otro, que confronta al sujeto con la soledad de esa sensación innombrable, como bien lo muestran los psicóticos. La angustia es angustia de separación, pero al mismo tiempo puede activar un apelo desesperanzado del sujeto a un Otro que jamás podrá socorrerlo, como en el caso del sueño estudiado por Freud: "Padre, ¿no ves que me quemo?"[42]

Mediante este apelo, la angustia puede impulsar un psicótico a construir una ficción delirante sobre el goce de su cuerpo, como si ese goce fuera un efecto de la invasión del goce del Otro en su propio cuerpo. Así como también puede llevar un neurótico a inventarse una ficción fantasmática en la que interpreta el goce de su cuerpo como ofrecerse a acatar el deseo del Otro. En ese sentido, la angustia entendida como 'angustia constituyente' se define como el propulsor de la 'constitución' del sujeto en su lazo con la falla del Otro, es decir, como propulsor de la interpretación que el sujeto construye de su vinculación sintomática con el Otro, proporcionando a través de esa interpretación una consistencia al Otro que no existe.

En una estructura neurótica, el enfrentamiento del sujeto con esa sensación innombrable de su modo singular de goce podrá erigir de inmediato una mampara de la defensa obsesiva, que favorece un recubrimiento parcial de la angustia a través de la significación fálica. Para ello, el cogito del Yo en su estructura mínima – 'Si..., entonces....' – podrá fomentar una elucubración del pensamiento, como en el clásico ejemplo freudiano del

---

41 MILLER, J.-A. "Angústia constituída, angústia constituinte", fragmento de la conferência "Desangustiar con el psicoanálisis", presentada en la Jornada da ECF, en 2/3 de octubre de 2004.

42 FREUD, S. (1900). Cf. "O relato do sonho", Introdução ao Capítulo VII de *A Interpretação dos Sonhos*. In: *Obras Completas, op. cit.* Vol. V.

caso "Juanito",[43] el niño fóbico: "Si voy a la cama de mi madre, entonces mi padre me va a castrar." Esto ya es un indicador de que la 'angustia de castración' es un apelo al Padre; un apelo para que el Padre nombre ese goce, y al mismo tiempo constituye un apelo de contención, de reducción, de limitación de ese goce innombrable, que lanza al ser al precipicio de lo real. La angustia de castración es por tanto un delirio de la cartilla del Edipo que provee al padre de una consistencia imaginaria, ya que el NP en su operatividad simbólica ahí se instituye de modo incipiente.

Retomando las defensas obsesivas en las mujeres, podemos seguir la orientación de Esthela Solano acerca de los efectos de esa defensa al depararse con la diferencia fálica frente los hombres. En su artículo "La identificación al síntoma al final del análisis", publicado en *Ornicar? Digital* nº 168, y en Brasil en la revista nacional de la EBP *Correio* nº 33, Solano nos dice:

> Ella no desea el falo para hacerse el hombre, ella sabe que no lo tiene; pero su deber ser es aparejarse con el falo, revestirse de falo, en la mascarada, para tapar la falta del Otro. Mientras más quiere hacer creer que lo es [el falo], más lo odia [al hombre], ya que ella cree que este falo se encuentra más bien consistente en el hombre, no al nivel de su tener, sino más bien al nivel de su ser. Su pareja encarna para ella ese malentendido de la rivalidad fálica. Es decir, ella cree que él tiene el falo consistente al nivel de su ser, pero ese hombre es nada menos que el hombre de su pensamiento.

¡Formulación fantástica!, pues pone al desnudo toda la dinámica que mueve a las feministas. Mientras más ellas quieren sustentar una potencia igual o mayor que la de los hombres, más los odian. Ese odio surge, por un lado, porque saben que no tienen, ni tendrán jamás, el falo. Por otro lado, los odian no

---

43 FREUD, S. (1909). *Análise de uma fobia em um menino de cinco anos.* In: *Obras completas*, op. cit. V. X.

porque suponen que ellos tienen el falo, sino porque piensan que ellos son el propio falo en su ser. Y de esa manera sus parejas encarnan para ellas ese malentendido de la rivalidad fálica, es decir, ellas creen que él es el falo consistente al nivel de su ser, pero ese hombre es, nada más, nada menos que ¡el hombre de su pensamiento! ¡Precisamente! El hombre que las feministas odian, contra quien luchan, es sencillamente el hombre de sus pensamientos. Ellas odian al hombre que construyeron con su delirio fálico neurótico. ¡Cuánto engaño!

Y si nos preguntamos, ¿cómo pretende la mujer obsesiva hacer existir el amor? La respuesta solo puede ser: ¡a través del hombre de su pensamiento! Hará existir a ese hombre, que es el falo en su ser, para amarlo, de la misma manera que lo hace existir para odiarlo. Como dicen las mujeres obsesivas cuando se enamoran: "Es todo un hombre", es decir, completo, perfecto, ¡el falo! "Él es guapo, gentil, caballero, amoroso, sensible, pero no pierde su firmeza masculina, inteligente, potente, bla-bla-bla..." Y así, hacen una lista de predicados acerca de la consistencia fálica del ser-hombre. Eso también lo oímos decir a mujeres que buscan una relación estable: "No me quiero casar con un hombre cualquiera, quiero que él sea así y asado." En esas ocasiones, en mi práctica psicoanalítica he utilizado como táctica maneras de incidir sobre ese pensamiento delirante diciendo en broma: "¿Y dónde va a encontrarlo?," o "Cuando lo descubra, dígame," o "¿Dónde los venden?". Y entonces, empezamos a reír, y esto puede llegar a ser el principio de la subjetivación del enorme desperdicio de su vida por tratar de encontrar a ese hombre que es un mero producto de sus pensamientos.

Pero… ¿cuál es la función subjetiva de ese hombre de su pensamiento?, sobre el cual ella hace una cautivadora lista de todas las características fálicas que supone a respecto de lo masculino, una lista mucho más atractiva que la de los predicados fálicos de la máscara de la feminidad actual. La respuesta es: el hombre de sus pensamientos es nada menos que su Yo ideal, el Yo ideal que ella nostálgicamente soñó ser, el Yo ideal que ella nunca fue, el Yo ideal que ella también sabe que nunca será. Lo que nos indica que el Yo ideal está mucho más consolidado en la subjetividad de las mujeres en sus defensas obsesivas, como una condición para la elección de su pareja por la vía de la elección narcisista del objeto de amor.

De tal forma que, a través de su elección de pareja ella pretende, engañosamente, sentirse completa. Por esa vía trata de encontrar en el hombre su propio Yo ideal, por siempre inalcanzable en sí misma. Va a buscar en su hombre al niño que ella no fue para su madre, el niño que quisiera haber sido para su madre, el niño a través del cual ella suponía que podría haber sido el falo de la madre. Son, por tanto, mujeres que están fuertemente atrapadas en la dimensión del Edipo con la madre, más que en el Edipo con el padre. De este modo, el superyó materno reaparece a través del semblante del hombre que porta en su ser el propio falo, haciendo que esas mujeres le dirijan al hombre el odio originalmente dirigido a la madre, quien le destinó un imperativo devastador para su ser de mujer.

Muy diferente de la elección de pareja por la vía del Edipo con el padre. En esta, la elección del objeto de amor se hace por un rasgo de excepción, por un rasgo sintomático del padre, de los pecados del padre, un rasgo de goce del padre ante el cual ella podrá gozar en cuanto semblante de objeto: "Que él venga, que me lleve". Aun cuando permanezca en esa elección una envoltura Ideal, hay ahí un rasgo de perversión tomado del padre que permite la emergencia del goce femenino, experimentado en un nivel de devastación más tolerable, al estilo de una montaña rusa, que alterna el éxtasis de 'ser' amada con la aflicción o la devastación relativa a la inseguridad sobre este amor.

Las neurosis en la clínica continuista

Con respecto a las neurosis llamadas 'contemporáneas', en las que se verifica una preponderancia de la madre en la estructuración de la subjetividad, dado que la función paterna se encuentra en declive, tomaré la curva de Gauss,[44] propuesta por Miller como modelo gráfico de la "clínica continuista", de acuerdo a sus formulaciones, presentes en "Conversación sobre la psicosis ordinaria".[45] En esa conversación, Miller utilizó esa gráfica para introducir una serie de gradaciones en los modos de amarre de la estructura, que justifican la denominación "clínica continuista", con la propuesta implícita de que en el amplio contexto estructural de las psicosis debemos considerar toda una serie de gradaciones posibles.

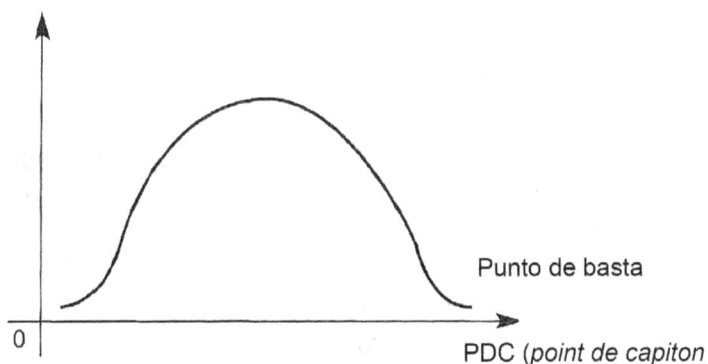

En un extremo de la gráfica, siguiendo el vector horizontal hasta el lado derecho, estarían situadas las psicosis que se encuentran muy bien amarradas a un punto de basta [*point de capiton*], y que, precisamente por eso, difícilmente se daría en esas estructuras un desencadenamiento, o desanudamiento de los registros Real, Simbólico e Imaginario. Al otro extremo de la gráfica, en el lado izquierdo de la línea horizontal cercano al punto cero, estarían situadas las psicosis no afianzadas con un

44 La curva de Gauss o campana de Gauss, que en estadística y probabilidades se llama distribución normal, distribución de Gauss o distribución gaussiana. La importancia de esta distribución radica en que permite modelar numerosos fenómenos naturales, sociales y psicológicos.
45 MILLER, J.-A. y otros. *La psicosis ordinaria*. Buenos Aires: Paidós, 2003, pp. 202-203.

nudo firme del punto de basta [*point de capiton*]. Entre esos dos extremos opuestos habría toda una gradación continua, que va de una mayor a una menor fijación del nudo central de la estructura. En la zona del medio de esa curva, siguiendo la gradación continuista, tendríamos las estructuras que se encuentran "más o menos" amarradas.

Ese modelo gráfico me sirvió de inspiración para proponer la misma gradación continuista en el amplio campo de la estructura de las neurosis, que no debe ser entendido como incluyendo un continuismo entre psicosis y neurosis, lo cual es un equívoco, pues considero seriamente que no hay aproximación posible entre esas dos estructuras. En el punto de basta [*point de capiton*] de las psicosis nunca encontramos el NP, ni cualquier registro de significación fálica; mientras que en las neurosis el Padre y el falo siempre están presentes, aun cuando de modo incipiente, poco operativos, o en descenso, como ya fue postulado a respecto de las neurosis contemporáneas.

Mis formulaciones sobre el uso del modelo gráfico de la curva de Gauss en la estructura de las neurosis se encuentran en "Um modo de fazer consistir o pai".[46] Ahí propongo que desde la perspectiva de la llamada "clínica continuista", o borromea, del último Lacan, el establecimiento de la dirección de la cura requiere, *a priori*, no solamente un diagnóstico diferencial entre neurosis y psicosis, como exigía la clínica llamada "estructural" o descontinuista de la primera enseñanza de Lacan; dentro del campo de la estructura neurótica, una amplia variación de modos sintomáticos de anudamiento de los tres registros, Real-Simbólico-Imaginario, requiere además la elaboración de un diagnóstico en el sentido de localizar, con cierta precisión, la menor o la mayor consistencia del Nombre-del-Padre en el síntoma que hace el anudamiento de la estructura subjetiva. Toda una gradación continua del modo como el Padre se efectiva ahí llevará a diferentes modos de diagnosticar un sujeto inserto en el ámbito de la estructura neurótica.

46 GUIMARÃES, L. Um modo de fazer consistir o pai. In: *Correio*, Revista da Escola Brasileira de Psicanálise, n. 56, agosto de 2006.

Utilizando el modelo gráfico de la curva de Gauss, partiré del extremo donde el NP es muy poco consistente, tendiendo a casi cero. Como esa curva es asintótica, su línea nunca llega al punto cero; de modo que, por más decadente que el Padre se encuentre en la estructura, algún rastro de él puede encontrarse ahí. En ese punto extremo, de bajísima operatividad del NP, podemos situar a aquellos sujetos, tanto adultos como niños, que de manera imprecisa son denominados "neuróticos psicotizados", a falta de un término más adecuado que designe su estructura neurótica. Es decir, esos sujetos no son psicóticos, pero la mínima operatividad del NP produce en ellos una sintomatología que en su aspecto fenomenológico puede llevar a creer que son psicóticos. En virtud de esto, ¿cómo verificar los rastros de la presencia del NP en esos casos?

Para lograr llegar a un diagnóstico diferencial, me he apoyado en un presupuesto básico que formulé a partir de la enseñanza de Lacan: "El modo de decir enuncia la posición del sujeto en la estructura." A partir de este presupuesto me dedico a un examen cuidadoso con el propósito de localizar, en el modo discursivo de esos sujetos, las incidencias superyóicas de la significación fálica propias al tabú del Edipo. Pues aunque los psicóticos dispongan del repertorio de las significaciones fálicas presentes en el código del lenguaje del Otro simbólico, la incidencia superyóica de estas sólo se verifica en las neurosis. En esa misma zona de consistencia mínima del Padre podemos localizar también a los sujetos que son diagnosticados con el término "debilidad neurótica." En la formalización de los casos clínicos sobre estos sujetos, especialmente en los trabajos producto de la práctica psicoanalítica con niños, se propone que en la estructura de esos sujetos, en los que el NP es casi nulo, todavía no se ha efectuado la operación de alienación. Esto es, que esos sujetos se ubican en una posición retraída respecto a la efectuación de la operación de alienación al campo significante.

Siguiendo la línea de la gráfica en dirección contraria, entramos gradualmente en un terreno donde aún no se puede afirmar con certeza una consistencia efectiva del Padre. Entramos, por tanto, en la zona de lo que ha sido planteado como "síntomas contemporáneos", o "neurosis actuales", en los que la función paterna opera escasamente. Zona que se localiza en el trecho central de la curva, indicando que en nuestra práctica es mucho mayor la incidencia de esos casos, que la de aquellos que se sitúan en las dos extremidades opuestas de la gráfica. En este trecho central también se encuentra toda una gradación, según un mayor o menor anudamiento sintomático, de modos de goce relativos a trastornos alimentarios, toxicomanías, u otros modos de goce de sujetos a quienes en nuestros trabajos nos referimos como insertos en el discurso capitalista. Intentamos formalizar las condiciones estructurales de esos sujetos a través de diferentes referencias teóricas de la enseñanza de Lacan, para decir de las razones por las que, en estos casos, todavía no se puede afirmar que la operatividad del Padre es, de hecho, consistente. Decimos que tuvo lugar la operación de alienación, pero que todavía no se ha efectuado la operación de separación; o que la dimensión de la demanda todavía no ha sido articulada a la dimensión del deseo; o que la extracción del objeto 'a' todavía no ha redundado en un uso fantasmático; o que la significación fálica todavía no ha suministrado los lastres necesarios al aparejamiento del goce en la sexuación del sujeto. Formulaciones cuyo fundamento teórico son los tiempos lógicos de la efectuación de la estructura subjetiva formalizados por Lacan en momentos diferentes de su enseñanza.

Tomando las referencias freudianas del complejo de Edipo desde una perspectiva lacaniana, diríamos que esos sujetos más bien se encuentran situados en una posición de objeto de la madre, de objeto de la demanda de la madre, objeto desecho, pues se encuentran sujetos a los caprichos de esa demanda. Desde esa posición de objeto, encontramos una amplia serie de casos que pueden ser distribuidos en una gradación continua hacia un recubrimiento imaginario y simbólico que apareja esa posición de objeto con vestimentas fálicas, tal como lo dije anteriormente acerca de las mujeres obsesionalizadas. En esa gradación continuista algunos sujetos se localizan más en una posición de objeto desecho, otros se sitúan más próximos a una consistencia mayor del revestimiento imaginario de esa posición a través del Yo ideal, y otros comienzan a contar con una cierta consistencia de una identificación simbólica a un S_1, relativo al Ideal del Otro — I(A), este que vendrá a asegurar una efectiva posición fálica.

Siguiendo esta línea continuista entramos, por tanto, en otra gradación donde ya es seguro afirmar que el Padre tiene una mayor consistencia en el síntoma, pero que todavía no puede ser considerado como inserto en el registro de la certeza. Aquí estarían incluidos los anudamientos en una posición fóbica, donde rigen los estados subjetivos que van de la angustia al pánico, hasta el aparejamiento de la angustia, que promueve su localización en un S_1 relativo a un objeto fóbico. Lo que indica que esos sujetos están mucho más cerca de efectuar la operación de separación, pero se quedaron ahí, como estacionados, pararon sin llegar a fijar en el nudo una posición fantasmática de su goce. Tal posición del sujeto en la estructura puede ser formulada como una estagnación en la operación de separación. No es casualidad que las defensas obsesivas puedan llegar a florecer en esos casos, como un movimiento espontáneo de la estructura en el sentido de establecer un guión burocrático que recubra ese impasse pantanoso, permitiendo así, con frecuencia, una cierta estabilización de la estructura. Pero es muy importante tomar en cuenta que hay toda una serie de gradaciones, que van desde un mayor uso estructural de las defensas obsesivas, hasta una reducción gradual de este aparejamiento obsesivo en dirección a una apertura de la división subjetiva.

Y continuando un poco más allá en la línea continuista de la gráfica en dirección a una apertura posible da división subjetiva, entramos a una zona bastante más cercana al punto extremo donde podría introducirse una mayor consistencia del Padre. Se localizan en esa zona las neurosis en las que el Padre, a pesar de no estar firmemente consistente, ya está sustentado en el estatuto de la certeza, de la creencia en el Padre, estableciendo la posición histérica. Sabemos que Lacan reservó la certeza de la creencia en el Padre para el discurso histérico, como bien nos recordó Miller en la "Conversación sobre la Psicosis Ordinaria",[47] pues en este discurso el sujeto sitúa al padre en el lugar del Otro al cual se dirige.

Después de ese panorama que he trazado, en el cual he intentado plantear las neurosis desde la perspectiva de la "clínica continuista", es necesario tener presente que la utilización de ese modelo gráfico jamás podría proporcionarnos respuestas precisas a las grandes cuestiones desafiantes que la práctica psicoanalítica nos impone. Lo que sería más importante destacar aquí, es que desde esa nueva perspectiva clínica ya no es posible pensar que en el anudamiento de las neurosis, en su punto de amarre de los tres registros, ahí donde reside el nudo central, es decir, ahí donde se establece la posición sexuada del sujeto; ya no es posible suponer que encontremos muy bien fijada la efectuación de todas las operación lógicas de la estructura en esta posición de goce del sujeto. Desde la perspectiva anterior, relativa a la "clínica estructural," podríamos pensar que bastaría el establecimiento de un diagnóstico diferencial entre neurosis y psicosis para establecer la dirección de la cura, suponiendo que bastaría verificar la presencia, o la ausencia, de la función paterna en la estructura.

Al considerar la presencia del NP en una estructura, se supuso que bastaría provocar la apertura de la división subjetiva para lograr promover la formalización del síntoma analítico, concebido como una pregunta sobre la posición de goce fantasmático del sujeto. Esto es, se suponía que ante un sujeto considerado adulto, tendríamos una certeza de que todas las operaciones lógicas de efectuación de la estructura ya estarían muy bien constituidas. Desde la perspectiva de la "clínica continuista" ya no es posible pensar así. Desde esta nueva perspectiva, pasa a ser fundamental para el establecimiento de la dirección de la cura la verificación de una mayor o menor operatividad del Padre en una estructura neurótica. De tal suerte que para

---

47 MILLER, J.-A. y otros. *La psicosis ordinaria. Op. Cit.*, pp. 202-203.

los sujetos en cuyo punto de amarre de la estructura aún no se encuentra disponible una fantasía para sustentar su posición en cuanto sexuados — a ejemplo de las toxicomanías, las anorexias —, la intervención analítica necesita fomentar un trabajo hacia la constitución de esta fantasía central. Lo cual implica llegar a establecer la operación de separación, pues será esa operación lo que permitirá fijar la alienación del sujeto a los significantes amo identificatorios (S1s), a una posición de gozo fantasmático. Para tanto, será necesario promover la salida del Edipo con la madre y, especialmente en las mujeres, impulsar de ese modo su ingreso más efectivo al Edipo con el padre.

Para seguir en esa dirección analítica, en el sentido de fomentar una mayor operatividad de la función paterna en la estructura, el trabajo analítico no podrá tomar como punto de partida la emergencia de la división del sujeto, pues esa división subjetiva sólo podrá producirse en una estructura cuando un sujeto se encuentre muy bien apoyado en el amor del padre. Se requiere un trabajo analítico que tenga como dirección de la cura una línea operativa muy parecida a lo que ocurre en la práctica psicoanalítica con niños, en el sentido de contribuir a que el padre obtenga más consistencia simbólica en la estructura, de modo que el sujeto pueda hacer mejor uso de la función paterna en el aparejamiento de su goce, contribuyendo de ese modo a fijar en el punto de amarre de su estructura las operaciones lógicas de efectuación de la estructura de su neurosis, que aún no se ha instaurado.

Es decir, la división subjetiva no se abre con machete. El acto analítico no puede ser concebido como un imperativo para promover la división subjetiva a cualquier precio. La práctica psicoanalítica nos enseña que la división subjetiva sólo es operativa para fines analíticos cuando la estructura conlleva su establecimiento. De lo contrario, los daños podrán ser enormes cuando inadvertidamente se intente establecer la dirección de la cura por la vía de la división subjetiva, por la vía de la interpretación como enigma, en neurosis en las que el Padre todavía no ha fijado en la estructura los mejores efectos de su operatividad.

Por lo tanto, es muy importante considerar que la dirección de la cura deberá tener como punto de mira la instalación gradual de la operatividad del buen uso de la función paterna, en el sentido de inscribir las operaciones lógicas de efectuación de la estructura que todavía están en vías de efectuarse. La emergencia de la división subjetiva aquí podrá ocurrir como una mera consecuencia de una mayor operatividad del padre, consecuencia que podrá suceder, o no. Lo cual requiere que la práctica psicoanalítica sea repensada, otras tácticas y otras estrategias sean inventadas, sean diferentes de las que nos valemos para los sujetos que pueden sostener en su estructura una posición de división subjetiva.

Eso no debe ser entendido como una dirección de la cura que promueve el culto al padre, ni como añoranza de la impostura paterna que le impone al sujeto servilismo ante su autoridad. El padre-héroe, el padre todo-amor, el padre idealizado, o también el padre feroz, dictador de una ley insensata, son meros ropajes imaginarios de un Otro casi sin tacha, semblantes que se yerguen a partir de una incipiente operatividad del NP en la estructura. La función paterna que le interesa al psicoanálisis no se encarna en un semblante, tiene que ver con el buen uso en el acto analítico de la función de nominación, que localiza e instituye en los puntos limítrofes de lo simbólico los ganchos de amarre de sus bordes ante los obscuros precipicios de lo real.

En el trabajo titulado "Un modo de hacer consistir el padre",[48] en el cual presenté esas ideas sobre la práctica psicoanalítica en las neurosis, formalicé también un caso clínico de una mujer que llegó al dispositivo analítico en una posición de objeto de la demanda de la madre, en el que la dirección de la cura tomó como punto de mira el trabajo necesario para hacer consistir el padre del amor, para sacar a esa mujer de las garras de la madre. Padre del amor que no corresponde al padre idealizado, que es eminentemente imaginario, sino

---

48 GUIMARÃES, L. Um modo de fazer consistir o pai. *Op. Cit.*

el padre castrado, en cuanto padre que ama dando lo que no tiene, por eso se trata de una función del padre que abre la dimensión de la división subjetiva en cuanto portal de entrada a una inscripción de los bordes entre lo simbólico y lo real. Los dos casos clínicos de la práctica de ustedes, que vamos a discutir mañana, tienen que ver con todo esto que he elaborado hasta ahora, y creo que podremos hablar un poco más sobre estas cuestiones.

Debate

Juan Felipe Arango (señalando el lado derecho de la curva de Gauss): ¿De este lado entonces estaría el deseo de la madre?

Lêda: Exacto. Y tu pregunta nos invita a trazar la diferencia radical que hay entre el deseo de la madre y la demanda de la madre. Se trata de cosas muy diferentes. Lacan a veces habla de los dos como si fueran lo mismo, pero si lo seguimos atentamente, veremos una diferencia radical. Por ejemplo, en el grafo de "Subversión del sujeto y dialéctica del deseo"[49] Lacan marca esa diferencia usando el matema 'D' mayúscula para la demanda y 'd' minúscula para el deseo. Además, plantea claramente en sus *Escritos* que la demanda es vehiculada en el campo de los enunciados, en el campo de la literalidad de los enunciados de la madre, cuando el sujeto los toma en su estatuto de verdad acerca de lo que quiere la madre; inclusive elabora, como metáfora ilustrativa de la sujeción a la demanda de la madre, la expresión "pisoteo de elefantes" para designar la ferocidad impositiva superyóica de esa demanda. Esta operación de sujeción del sujeto al campo de los enunciados, de la cadena de significantes vehiculados por los enunciados, fue formulada por Lacan como operación de alienación.

49 LACAN, J. (1960). Subversão do Sujeito e Dialética do desejo no Inconsciente freudiano. In: *Escritos. Op. Cit.*

Demanda
de la Madre

Deseo
de la Madre

Punto de basta

0

PDC ≅ NP

El deseo de la madre, por otro lado, es formulado por Lacan como un enigma producido por la operatividad de la función paterna, que ornamenta los bordes del agujero de ese enigma con las significaciones fálicas. De tal manera que a partir de los efectos más eficaces del NP, los enunciados de la madre dejan de tener el estatuto de verdad literal para el sujeto; es decir, este se aparta de la cadena significante, se separa de las significaciones articuladas por los significantes vehiculados por dichos enunciados, para entrar en un terreno donde los enunciados siempre quieren decir otra cosa, pues tienen un sentido enigmático. Por lo tanto, entrar en la dimensión del deseo de la madre requiere del sujeto todo un trabajo de interpretación, de invención de una ficción, trabajo que va a resultar en una construcción fantasmática. Así, la dimensión de la demanda de la madre tiene su reinado al principio de la operación de alienación, mientras que la dimensión del deseo de la madre se abre para un sujeto al efectuarse la operación de separación. Del lado de la demanda de la madre tenemos el reino de los enunciados en su valor de verdad, es decir, pegados a significaciones que tienden a ser absolutas, y por tanto imaginarizadas. Del lado del deseo de la madre no se sabe nada más sobre lo que verdaderamente ella quiere, pues en el campo del deseo el sujeto ya no necesita el auxilio masivo de lo imaginario para estabilizar la estructura, y los significantes pueden funcionar como índices de una media verdad escurridiza.

Lo que pasa es que en las llamadas neurosis contemporáneas las mujeres, y los hombres también, están mucho más presos al Edipo con la madre, es decir, a la demanda de la madre, cuyas palabras son tomadas en el sentido más literal, y el sujeto no tiene otra salida sino quedarse alienado a esas palabras como si fueran la verdad.

La dictadura de lo "políticamente correcto" en la actualidad no es, en mi opinión, nada más que un recetario sostenido en la imaginarización de lo simbólico, en los efectos de goce promovidos por el imperio de la demanda de la madre, o mejor dicho, por los efectos de goce que alojan al sujeto en la posición de objeto de la fantasía de la madre. Hoy las mujeres hipermodernas se presentan como portavoces de "la verdad", de la verdad de las cosas subjetivas, principalmente de la verdad sobre cómo deben funcionar las relaciones entre hombres y mujeres, y los hijos; por lo tanto, portavoces del reino de la fantasía de la madre. Esta acentuada alienación a la demanda de la madre tiene un valor imperativo: 'haz', 'sé'; que es muy diferente a preguntarse: ¿Qué propone ella cuando me dice 'haz eso'?

El encuentro con el deseo de la madre implica el encuentro con la castración del Otro, con la castración de la madre, que es nada más y nada menos que, como nos dice Freud, el encuentro con la vagina de la madre. Es decir, un encuentro con algo que tiene que ver con la sexualidad de la madre en cuanto mujer, campo del que el niño está excluido, y al que solamente podrá entrar a través de una ficción.

En el caso clínico formalizado en el artículo "Un modo de hacer consistir el padre" se trataba de una mujer que decía: "Soy gorda, fea y ningún hombre va a quererme". Era una frase que ella repetía como un axioma, que la mantenía sujeta al registro del Yo en una posición de desecho en cuanto mujer. Tenía un novio por quien no sentía deseo, ni nada, pero según su madre él era el único que se quedaría con ella, pues la quería como ningún otro hombre la podría querer, ya que era "gorda y fea". Esperé un largo período utilizando estrategias y tácticas muy especiales durante el trabajo analítico, hasta que su estructura pudiera permitir el cuestionamiento de esa suplencia, para entonces poder preguntarle: "¿Quién le dice eso?". Y respondió: "Nadie, yo soy así". Después de otro período de espera, volví a hacer la misma pregunta. Y entonces, ya no a partir de la identificación imaginaria "Yo soy así", respondió diciendo: "Bueno… todo el mundo lo dice". "¿Quién es 'todo el mundo'?" le pregunté, y ella me contestó: "Mi madre y mi hermano". Después, dijo que en la adolescencia su único hermano la atormentaba constantemente con insultos, "Eres gorda, fea y ningún hombre te va a querer", en complicidad con su madre, que siempre criticaba su peso. Poco después volvió a decir: "Soy gorda, fea y ningún hombre me va a querer". Inmediatamente repetí la misma pregunta, que retira el estatuto del Yo del enunciado, desplazando este hacia el campo de los enunciados del Otro: "¿Quién dijo?". Me respondió: "Ya te dije que fue mi madre". Reafirmé de inmediato: "Exactamente, fue tu madre quien lo dijo". En aquel momento se operó el efecto analítico que impulsó el inicio de la operación de separación, pues ella completó diciendo: "Es que siempre he creído que todo lo que mi madre dice es verdad".

Para que ese sujeto iniciara el trabajo analítico en el sentido de destituir el valor de verdad de los enunciados de la madre, hice uso de estrategias y tácticas muy especiales en la dirección de la cura, acerca de las cuales voy a hablar mañana con relación a los casos clínicos que trabajaremos.

La práctica psicoanalítica requiere una amplia reformulación para que el psicoanálisis no desaparezca absorbido por la posición de goce de nuestra época. Para que el psicoanálisis pueda ser sostenido en acto, el deseo del analista es necesario, deseo que solamente es producido efectivamente en un análisis; y para ello se necesita un sujeto dividido que abra el terreno donde podrá realizarse un 'psicoanálisis puro' que resulte en un pase final. Sin embargo, recibimos cada vez menos sujetos en nuestros consultorios que cuentan con las condiciones estructurales propicias a la emergencia de la división subjetiva, como nos prevenía Lacan desde 1978.[50] Lo cual nos impone la tarea de reinventar el psicoanálisis para esos casos que inundan nuestros consultorios, los cuales requieren estrategias y tácticas muy diferentes de las que usamos con un sujeto histerizado.

Isolda Álvarez: Ante toda esta elaboración, pensaba en cómo ahora parece que hay un predominio… pareciera que los sujetos llegan a la consulta con predominio del registro imaginario y del registro de lo real (Imaginario - Real). Como muy tomados por lo Imaginario y entonces con una invasión de lo Real muy nefasta.

Lêda: Con un simbólico imaginarizado, pues hay un predominio del uso de los significantes muy atrapados en la significación.

Isolda Álvarez: Exacto. Como cristalizados en lo imaginario, como atrapados allí. Entonces, pensaba un poco en cómo el trabajo de las entrevistas preliminares se hace fundamental ahora, puede uno ubicarlas en este recorrido hasta donde tú ponías el sujeto dividido, donde uno puede pensar el comienzo de un trabajo analítico a partir de que se plantee alguna pregunta. Porque en general no vienen con preguntas, sino con un sufrimiento nefasto y la demanda "quítamelo ya"

Lêda: En efecto. Vienen con significaciones muy adheridas a su ser, y no con preguntas sobre su ser. Aunque un sufrimiento muy intenso atestigüe un exceso de infiltración de lo real, como acabas de decir, esas significaciones sobre su ser mantienen una cierta estabilización de la estructura. ¿Cómo se va a retirar esa suplencia?, ya que tratar de anular esas significaciones podrá promover una grave desestabilización de la estructura. Si antes no se le ofrece al sujeto un lugar donde su ser pueda encontrar el anudamiento de los tres registros, ese trabajo llevará a graves consecuencias.

Éric Laurent nos orienta de modo muy preciso a respecto de la dirección de la cura en estos casos. Se trata de la

---

50 LACAN, J. IX Congrès de l'EFP sur la transmission. In: *Lettres de l'EFP*, n. 25. Paris: junio de 1979.

orientación que da en la *Conversación de Arcachon*[51] acerca de las psicosis, que también se aplica perfectamente a las neurosis. En esa conversación, Laurent nos dice que el deseo del analista es un deseo que tiene que mantenerse férreo, muy bien decidido en el sentido de localizar en la matriz del discurso del sujeto los pequeños indicios, los mínimos signos, ínfimos, donde la estructura tiende a alguna apertura para hacer nuevos puntos de amarre de goce más vivificantes para el sujeto.

Esa orientación de Laurent nos sirve perfectamente para la práctica del psicoanálisis en general, y especialmente para nuestra práctica con las neurosis actuales, conforme lo hemos discutido a respecto de las suplencias singulares en cada sujeto, en las que necesitamos verificar los puntos de anudamiento en que el ser está sustentado, según una mayor o menor operatividad del NP. Si concebimos la práctica psicoanalítica como una 'clínica de las suplencias', la orientación fundamental sería no cuestionar la posición de objeto desecho cuando esa posición de goce es lo único con lo que cuenta el sujeto para mantener una estabilización de la estructura.

Si eso es cuestionado, lo que va a suceder es que la estructura rápidamente tenderá a fijar al sujeto más firmemente en esa posición de goce, ya que el sujeto no dispone de otras respuestas acerca de su ser. O inclusive puede suceder algo peor, como ha sido el resultado habitual de las diversas prácticas psicoterapéuticas difundidas por todo el mundo; esto es, la estructura acaba produciendo una fijación del sujeto en una posición de goce aun más mortífero.

Por ejemplo, un sujeto podrá salir de un tratamiento psicoterapéutico muy satisfecho con los efectos terapéuticos que suavizaron o eliminaron el sufrimiento del cual se quejaba; pero sorprendentemente, pasará a enfrentar un fortalecimiento de sus defensas obsesivas, o inclusive un efecto psicosomático en el cuerpo, un cáncer por ejemplo, sin siquiera sospechar que

51 MILLER, J.-A. et alii. (1997). *La conversación de Arcachon, los inclasificables de la clínica psicoanalítica.* Buenos Aires: Paidós, 2003.

ese nuevo acontecimiento del cuerpo puede ser producto del tratamiento psicoterápico anterior.

El trabajo analítico no podrá dirigirse a vulnerar la suplencia, sino a localizar signos que indiquen un movimiento sutil de la estructura con miras a nuevos anudamientos más vivificantes, y hacia nuevas probabilidades de un mejor uso del padre en la estructura neurótica. El acto analítico aquí tiene la función de producir una mayor fijación de estos puntos para darle más consistencia a la libido. En la medida en que el punto de amarre vaya ganando una mayor consistencia de libido, la estructura en sí se irá desprendiendo espontáneamente de la suplencia más mortificante. Por consiguiente, no se trata de anular las suplencias, sino de lograr que la estructura, estando abierta a esa posibilidad, produzca otras suplencias.

El deseo del analista y el deseo del sujeto no son imperantes sobre el funcionamiento espontaneo de la estructura, ya que el síntoma, como bien lo definió Freud, fue la mejor solución que la estructura encontró espontáneamente para mantener un equilibrio entre las pulsiones de vida y las pulsiones de muerte. Es por ello precisamente que no existe otra salida sino respetar el funcionamiento de la estructura y no hacer del psicoanálisis un modo de desestabilizarla, como sucede en ocasiones, cuando el sujeto empieza a sufrir más y más, hasta que desiste de los encuentros con el analista porque esa experiencia tiende a retirar sus suplencias, sin que pueda crear otras.

El recurso del acto analítico, por tanto, será contribuir para que los puntos de fijación de goce sean mejor atrapados en los puntos de plus de vida, de vivificación del cuerpo. Y como consecuencia natural, los otros, más mortificantes, se irán desprendiendo espontáneamente por falta de energía pulsional suficiente para tanta cosa, pues si se fija más en un punto, se suelta igual en otro.

Acerca de la paciente de quien les hablé hace poco, sólo después de que su estructura se encontraba más afianzada en otros puntos de amarre más vivificantes del Edipo con el padre, pude comenzar a cuestionar el valor de verdad de los enunciados de la madre. Si el valor de verdad de esos enunciados maternos hubieran sido cuestionados sin la producción analítica de una nueva suplencia, ella me habría dicho: "si mi madre ha dicho eso es porque ella tiene toda la razón; mírame, soy gorda de verdad". Y consecuentemente, ese cuestionamiento habría dado más consistencia de verdad a dichos enunciados. Creo que este ejemplo es muy claro.

María Eugenia Cardona: Me parece importante ese lugar de donde las personas vienen a análisis. No vienen de donde se supone un sujeto al saber, sino al lugar de ese Otro a quien se le pregunta pero que no necesariamente sabe; sabe algo pero no llega a ser colocado en el lugar del sujeto supuesto al saber (SsS). Entonces, ahí se establece otro tipo de transferencia, y se van encontrando diferencias de lo que tradicionalmente sucedía en la instalación de la transferencia. Y me parece que este recorrido que tú haces tiene que hacerse dentro de un contexto donde se juegue un poco de humor, un poco de la pregunta, donde al otro no se le adjudica un SsS.

Lêda: Esta es una cuestión muy importante, y muy complicada, porque ¿qué es el Sujeto supuesto al Saber?

Hay mucha confusión sobre cómo concebir el SsS que sostiene un análisis, sobre lo que es el SsS que abre la posibilidad de un fin de análisis a través del Pase, donde una entrada en análisis anticipa la salida. Les respondo ya cómo formulo el SsS que abre la vía de un psicoanálisis puro: es un SsS asentado en la tachadura del Otro. Eso sucede cuando el analista es concebido como función que encarna un 'Saber Supuesto' y no un 'Saber' asentado en la 'certeza' del sujeto de que el analista verdaderamente sabe. Evidentemente, planteamos que la 'certeza absoluta' de que el analista verdaderamente 'sabe', sólo se da en una estructura psicótica. Pero no debemos olvidar que, cuando el Padre aún es poco operativo en una estructura neurótica, la transferencia de saber al analista adquiere la consistencia de una encarnación imaginaria Ideal, de un saber casi absoluto.

En esos casos, el Otro es muy imaginarizado, muy potente, acorde al Otro de la demanda, que es mucho más consistente en cuanto figura obscena de superyó, que incide sobre el sujeto como un saber impositivo. En cambio, el SsS en tanto Otro más bien simbólico, implica la atribución al analista de un saber no muy garantizado, manteniendo esa suposición de saber como algo más afín al enigma: "No me parece que él sepa tanto realmente, pero de todas formas hay algo en él que me hace suponer que sabe." Cuando esa suposición ya no es tan segura, empieza ahí una operación de separación del Otro. Ese modo de instituir el SsS, a través de un Otro tachado, abre un portal que mira hacia el fin de análisis, en que ese saber podrá perder toda su consistencia.

Por tanto, cuanto más nos acercamos a esta sección izquierda de la curva de Gauss, más el sujeto se encuentra preso en la posición de objeto del gran Otro muy consistente, muy imaginarizado, que justamente sostiene un Yo Ideal muy pesado. Eso comporta una transferencia de saber al analista, muy impregnada por lo imaginario. No es que este Otro sea absoluto, no estamos en el campo de la psicosis, estamos en el campo de la neurosis; no es absoluto pero hay una suposición de que el Otro es casi absoluto. Exactamente por eso, la transferencia de saber al analista en estos casos es profundamente insoportable para el sujeto, es profundamente devastadora, es profundamente superyóica.

Por esa razón, la mejor defensa del sujeto ante el analista es negar, cuestionar, discordar, o inclusive el enfrentamiento antagonista con el saber del analista para poder soportar el peso del gran saber idealizado supuesto a ese Otro. Esto promueve la impresión de que el sujeto no sustenta una transferencia de saber al analista. En estos casos, cabe al analista, como mejor estrategia, presentarse medio desposeído de ese saber, medio convertido en línea imaginaria (a - a'), medio sujeto tachado, es decir, ofreciendo al sujeto un semblante de Otro medio decaído, tachado, para que el sujeto pueda soportar el peso de la transferencia de un saber casi masivo al analista.

Otro
imaginário

Otro
simbólico

Punto de basta

0

PDC ≅ NP

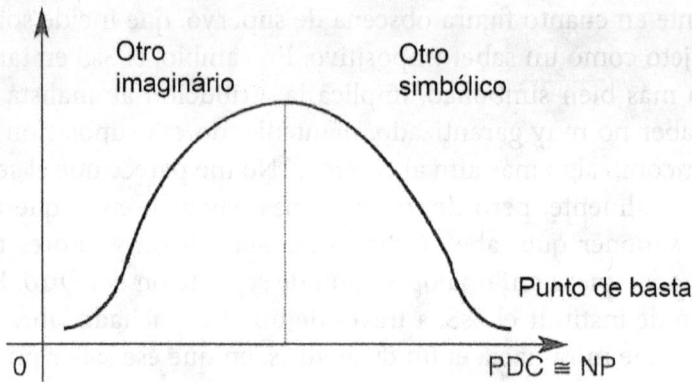

En la medida en que gradualmente pasamos hacia acá, al lado derecho de la curva de Gauss, ya hay una tachadura mayor del Otro. De este lado, la suposición de saber ya incluye un cierto defecto en el saber del analista, y esto molesta un poco al sujeto, que empieza a comprender que el analista no es tan perfecto. Es precisamente ese defecto lo que aloja en el analista algo del semblante de objeto 'a' como algo obscuro, extraño, discordante, deforme, como la calavera desenfocada del punto de mira óptico en el cuadro de los Embajadores adornados con el atuendo majestuoso del saber ideal, presente en la portada del *Seminario 11* de Lacan.[52] Ese defecto corresponde al semblante del objeto '*a*' de la fantasía del sujeto que se aloja en el analista, instituyéndolo así como agente del Discurso Analítico.

Después de una travesía de 15 años de análisis, solamente en el momento final recordé de modo casi alucinatorio la "mirada de boba" que vi en la mirada de mi analista en el instante exacto en que formulé mi cuestión analítica: "¿Por qué me hago la boba frente a los hombres?". Aquel momento fue un instante de gran perplejidad, porque algo extraordinario se había producido: la cuestión fundamental sobre mi vida, sobre mi posición de objeto en las parejas amorosas, que hacía que

52 LACAN, J. (1964). *O Seminário, Livro 11, Os Quatro Conceitos Fundamentais da Psicanálise*. Rio de Janeiro: Jorge Zahar, 1985.

me hundiera en la devastación. La "mirada de boba" que me sostenía en mi fantasía central se alojó en aquel instante inicial como semblante de objeto '*a*' en la analista. El hacer la pregunta "¿por qué me hago la boba?" ubicó al sujeto en la hendidura de la operación de separación, desplazándolo de la identificación a la posición de objeto desecho, pues en aquel momento inicial del análisis pude también puntualizar ante la analista: "No soy ninguna boba, sé que no soy boba, pero cuando me enamoro me vuelvo boba". Aunque al mismo tiempo ya supiera, en lo más íntimo de mi ser, que el semblante de 'boba' era el artificio neurótico que sustentaba mi coraje para recoger la flor del amor a la orilla del abismo de goce.

Hans Holbein, "Los Embajadores", óleo sobre madera, 1533.

Alicia Hadida: Bueno, antes de declarar la clausura quisiera decir que, ante todo, lo que me queda son como las burbujas del champagne que necesito que se me vayan desbaratando de a poquito, tragarlas, digerirlas, ubicarlas y bueno… Te agradecemos mucho, eres muy espléndida en lo que das y tienes un manejo de la transmisión que, bueno, que motiva a seguir estudiando, muchas gracias.

PARTE 2
ARGENTINA/ BRASIL

DE LA CREENCIA EN EL PADRE A LA CREENCIA EN LA MUJER[53]

Lêda Guimarães[54]

El pasaje de la creencia en el Padre a la creencia en LA Mujer se mantiene como eje de las grandes transformaciones de nuestra época. Pasaje que nos permite considerar seriamente que hay una bisagra, una doble cara estructural, entre la versión de goce del Padre y la versión del goce de LA Mujer. Dos versiones de la creencia en un Otro de donde proviene un mandato de goce que engendra nuestra existencia humana sexuada como hombre o mujer.

Eric Laurent — en la conferencia *Hacia el VIII Congreso de la AMP* realizada en la UBA en Diciembre/ 2011— formalizó muy bien esta cuestión, cuando dice que la creencia en una mujer adviene de una experiencia que surge como una certeza, certeza sobre la autorización de un goce, de un goce posible y

---

53 Texto presentado en Córdoba, para El curso "De mujeres, psicoanálisis y política" del Departamento de psicoanálisis y política del CIEC, El 17 de abril de 2012. Publicado originalmente en la revista digital *Consecuencias* nº 9, da EOL - Argentina, 2012, disponible en: http://ampblog2006.blogspot.com. br/2012/11/revista-consecuencias-n-9-ya-esta-on.html.
54 Traducción Josefina Elías – aderente do CIEC, Córdoba, Argentina.

vívido. Sin embargo, destaca que el problema de nuestra época es que esta creencia no se mantiene sin el retorno de una nueva creencia en un universal: LA Mujer.[55]

Hay por lo tanto un detalle interesante en este pasaje de la creencia en el Padre a la creencia en LA Mujer que nos exige un tratamiento conceptual delicado.

En el predominio del Padre había una vigencia de significantes amos identificatorios — S1s — que organizan un Todo a través de revestimientos simbólicos e imaginarios de Ideales moralizantes, que recubrían el lastre del goce perverso del Padre. Ahora en la vigencia de la creencia en un universal de LA Mujer estos ideales ordenadores del Todo cedieron lugar a una invitación universal embriagante, irresistible, avasallante, que nos convoca a un goce desmedido, tal cual el canto de las sirenas mitológicas que retornan en nuestra época a través de la *voz* melodiosa que hace eco en las vibraciones de goce de nuestros cuerpos, invitándonos a sumergirnos en un mar ilimitado de libido en dirección a la mortificación.

A partir de las formalizaciones de Miller y de varios colegas que se dedican a esta cuestión, hemos hablado de una feminización del mundo y de una prevalencia del no-Todo, tomando como base conceptual la tabla de la sexuación del seminario *Aun* de Lacan.

Pero hablamos también de las mujeres actuales como *excepciones*, como está contenido en el programa del curso del Departamento de Psicoanálisis y Política del CIEC, que hoy inicia. Lo que al principio puede parecernos muy ambiguo, ya que del lado femenino, de la tabla de la sexuación de Lacan, no hay la función de la excepción a la castración, y es exactamente por eso que lo femenino constituye a las mujeres del lado del no–todo, por lo tanto, fuera de lo universal, haciendo valer para cada mujer el una por una.

Pero, ¿cómo entender la proposición de Miller? En el

55http://www.congresoamp.com/es/template.php?file=video/11–12–06 conferencia–de–Eric–Laurent–en–la–UBA.html.

texto *Una Partición Sexual*,[56] cuando dice que: "ya que las mujeres son inclasificables por no constituir un Todo, cada una es excepcional, y por eso del lado femenino tendríamos una constelación de excepciones, donde cada una es excepcional". Proposición que agrada muchísimo a las mujeres de un modo general, pero que nos deja con una cierta dificultad conceptual.

La salida para la aparente ambigüedad del uso conceptual del término *excepción* para las mujeres, adviene cuando tomamos en consideración que en la subjetividad humana hay una íntima articulación entre el campo del Todo y el campo del no-Todo, una íntima articulación entre el goce fálico y el goce femenino, una íntima articulación entre la posición masculina y la posición femenina ante el goce *sinthomático* que amarra la estructura de cada uno.

Así lo femenino no podrá ser concebido como enteramente disociado de lo masculino, pues inclusive, cuando nos ubicamos de modo más prevalente del lado femenino en la tabla de la sexuación, algo de la significación fálica ahí todavía persiste, pero no-Toda, alojando lo femenino en el campo de la *extimidad* a lo simbólico, mientras más íntimo y exterior al mismo tiempo. Es exactamente desde una posición subjetiva más dominante situada del lado de lo femenino que el goce podrá llegar a ser concebido como *éxtimo*, es decir, incapturable por la palabra, incapturable por la significación fálica. Goce denominado por Lacan como femenino, pero que en última instancia dice respecto del goce pulsional de cualquier ser humano, relativo a la dimensión real del goce que nunca alcanza un representante de la representación, según los términos freudianos acerca del representante psíquico de la satisfacción pulsional presente en lo real del cuerpo. Goce *éxtimo* que afecta especialmente a las mujeres ya que lo real de su cuerpo se impone de modo más preeminente en su subjetividad, debido a la ausencia del órgano que fijaría el símbolo fálico como su atributo. El goce femenino

---

56 MILLER, J.-A. (1997-98). Uma partilha sexual. In: *Clique*, n. 2. Revista dos Institutos Brasileiros de Psicanálise do Campo Freudiano. Belo Horizonte: Instituto de Saúde Mental de Minas Gerais, agosto de 2003, pp. 12-29.

también afecta a los hombres cuando ellos se enamoran, pues a partir de una lectura fálica acerca de la ausencia de cualquier control sobre esta afectación de goce en el cuerpo, ellos lo experimentan como un riesgo para su virilidad.

Considerando el estatuto *éxtimo* de lo femenino, ¿cómo podríamos situar una mujer como *excepción*?

Ubicar una mujer como *excepción* adviene de una lectura fálica acerca de lo femenino, adviene de una lectura de lo femenino desde una perspectiva masculina del lado del Todo. Lectura que aloja el goce del Padre y el goce de LA Mujer como excepción al conjunto de Todos castrados.

Lo que no es propiamente ninguna novedad para nosotros, pues bien sabemos que un hombre aborda a una mujer desde su versión fálica singular acerca de lo femenino, que alberga en su fantasma fetichista, fantasma que sitúa a una mujer como objeto *a* causa de su deseo. En la medida que ocurre una fijación de la alianza entre un hombre y una mujer, tal mujer adquiere para el hombre el valor subjetivo de *excepción*, en la cual él fija su creencia en la existencia de LA Mujer. Creencia que también es albergada por muchas mujeres, cuando ellas abordan lo femenino desde la preeminencia de la perspectiva fálica del lado masculino de la tabla de la sexuación, creyendo en la existencia de LA Mujer ubicada en otra mujer, suponiendo a través de esa creencia que la Otra mujer contiene el secreto de la femineidad.

La gran novedad de nuestra época está en la extensión y en la universalización de esta creencia, al modo de una nueva religión pagana que diviniza a LA Mujer, pero sin prometer la santidad de culto de los místicos, pues abre las puertas a la autorización de entrada en un paraíso de goce, que acaba revelándose como un desvarío que trasciende ferozmente las medidas fálicas. Tenemos así una mezcla íntegramente nueva en nuestra civilización entre lo masculino y lo femenino, a través de un nuevo modo de articulación entre el campo del Todo fálico y el campo del no-Todo fálico. Una nueva mezcla en la cual impera una lectura fálica y fetichista de LA Mujer, aunque bajo el predominio de un goce desmedido más propio del campo de lo femenino, que no conviene ser denominado propiamente *goce femenino*, y sí más precisamente *goce superyóico*, o mejor dicho, *superyó femenino* en cuanto imperativo de goce universalizante que sostiene la creencia en LA Mujer.

Los efectos de esta nueva creencia ya son verificables en ambos sexos. Las mujeres de la actualidad vienen pagando un alto precio al intentar alcanzar el Ideal de esta nueva mujer universal, que se traduce en el campo del Ideal a través de una máscara para la femineidad que incluye varias potencias fálicas, que podría ser así anunciada: "sea linda, autónoma, poderosa, capaz, inteligente, saludable, liberada, etc." imperativo de *ser* muy pesado y difícil de sostener, a no ser a través de fuertes defensas obsesivas que amordazan la ligereza y fluidez de la vertiente vivificante histérica del goce femenino, obliterando la vía del amor que es tan fundamental al goce femenino. Mientras tanto, los hombres vienen siendo convocados a dejar prevalecer su núcleo histérico, bajo riesgo de una desregulación inquietante y desestabilizante de su identidad viril, pues la emergencia preeminente del *superyó femenino* los convoca a una feminización, que tiende a capturarlos en una posición de objeto de los mandatos de goce de LA Mujer de esta nueva creencia universal.

Para cerrar mis consideraciones preliminares al debate, destaco que la posición femenina que concierne al analista se aleja radicalmente del mandato de goce que sostiene el culto de LA Mujer. La posición analítica es esencialmente una posición inhumana, independientemente de la sexuación del analista como hombre o mujer. Si la posición analítica toma prestado el semblante de objeto relativo a la posición femenina, así lo hace a precio de no usufructuar eróticamente el goce femenino relativo a esa posición. Especialmente, la posición analítica requiere que el analista se ubique subjetivamente en el vacío de su *des-ser* fantasmático, desacoplado del imperativo de goce que sostenía su identificación a la posición de objeto para el Otro. Por otro lado, la posición analítica hace uso de los fluidos y rápidos impulsos femeninos a favor de la precisión del acto analítico, utilizando el poder de intervención en el goce de un sujeto provisto del amor de transferencia, sin sobrepasar los límites imperiosos de las decisiones éticas de cada sujeto en relación a su propio goce.

PUTA, EL NOMBRE DEL SUPERYÓ[57]

José Vidal e Lêda Guimarães

La afirmación de Freud de que probablemente las mujeres carezcan de superyó,[58] curiosamente, no produce ningún escándalo en el mundo del psicoanálisis. A lo sumo una indulgente sonrisa en las mujeres o una secreta satisfacción entre los hombres, gesto performativo con el que se consiente, sin saberlo, a un orden, a un régimen.

Sin embargo, nuestra experiencia clínica con mujeres nos permite afirmar algo casi totalmente opuesto, que ellas se ven afectadas por el superyó de una manera tanto o más significativa que los hombres pero con una particularidad: *el superyó en la mujer toma la forma de una injuria, Puta.*

Puta es el nombre, impronunciable por formar parte de las palabras prohibidas, que como una voz se presenta a una mujer toda vez que ella se aproxima a la vida sexual y muy es-

57 Publicado originalmente en la revista digital *La Lunula*, del CIEC - Centro de Investigación y Estudios Clínicos Asociado al Instituto del Campo Freudiano. Córdoba, Argentina, agosto de 2012. Disponible en: http://www.cieccordoba.com.ar/lalunula2/leermas4.html.
58 FREUD, S. (1933 [1932]). Conferência XXX: Feminilidad. In: *Obras Completas*. Buenos Aires, Amorrortu editores, 1988.

pecialmente cuando es alcanzada por el goce que le es propio, definido por Lacan como el goce de La mujer, un goce Otro que el fálico.

Esto que presentamos aquí como un hallazgo tal vez resulte cómico por ser obvio para la mayoría de las personas, y especialmente para las mujeres, aunque no dicho.

Junto a la liberalización de las costumbres, a la permisividad sexual en las sociedades occidentales encontramos que la potencia de la injuria no ha disminuido y que, por el contrario, se articula al imperativo de goce contemporáneo.

En nuestra época, como lo ha establecido Jacques Alain Miller, se verifica una suerte de inexistencia del Otro,[59] un caída de los semblantes del padre y masculinos que nos permite hablar de la feminización del mundo. Pero esto no se acompaña de una liberación de la mujer respecto a la voz superyóica y, por el contrario, la caída de los ideales, de los semblantes con los que se revestía antes la figura del padre, va dejando cada vez más al desnudo la ferocidad de su cara superyóica y su empuje a un goce sin regulación, mortífero, asociado a una culpa igualmente desmesurada.

La caída de la de vertiente idealizante pone en primer plano el objeto (a) bajo la forma de La voz. Y esa voz, como lo ha señalado Lacan, no dice nada, es pura injuria, es puro mandato de goce que hace caer la culpa sobre el sujeto a la vez que lo empuja a obedecer.

Esa voz dice "puta"

No hay que pensar que solo lo dice a las mujeres, aunque ellas pueden dar un testimonio preciso de ello. El varón, confrontado al ejercicio de la función fálica, no puede evitar encontrarse tomado por esa voz injuriante respecto a quien es su pareja, como verificamos en cantidad de varones obsesivos que se ven impedidos de asumir una relación afectiva con la mujer con la que han compartido la cama.

Llama la atención de lo breve de la definición del sus-

---

59 MILLER, J.-A.; LAURENT, E. (1996-97). El Otro que no existe (...). *Op. Cit.*

tantivo en el diccionario de la Real Academia Española: Puta: prostituta. La RAE limita extraordinariamente el significado de la palabra a la mujer que recibe dinero a cambio de sus favores sexuales.

Es asombroso porque la palabra Puta tiene, eso sí que lo puede decir cualquiera, pero especialmente un analista que escucha en su clínica a hombres, mujeres, niños y adolescentes, una extensión infinitamente mayor. Una mujer, la mayoría de las mujeres, experimentará la acechanza de la injuria no cuando recibe dinero a cambio de su sexo, aunque también en esa circunstancia, sino toda vez que el goce se haga sentir en su cuerpo.

Puta se hará oir si una mujer se muestra accesible a las demandas de los hombres, si lo hace más o menos rápidamente, si no propone demasiados obstáculos, si el número de hombres con los que frecuenta es mucho, si aún siendo mujer de un solo hombre disfruta del sexo, si la frecuencia con que lo quiere hacer es muy seguido, si lo hace con intensidad, si lo hace con pericia, es decir, si cuenta con un saber sobre el sexo, si le es infiel a su marido, novio, o pareja, si su ropa deja ver su piel, si su maquillaje es rojo, etc. Es decir, es infinita la lista de ocasiones en las que el nombre puta se hace presente explícitamente, viniendo del otro masculino, del otro social, de las demás mujeres, o implícitamente llegando como voz áfona desde las profundidades del inconsciente.

Y se hará presente también para el varón que se confronte con el deseo de una mujer con el correlato paradojal de impotencia y excitación con el que se asocia.

Pero digamos más: aún cuando la mujer evite todo contacto sexual la injuria puede incluso hacerse presente porque la represión presentada como virtud puede ser también el indicador de una lasciva encubierta, de modo que bajo el significante *santa* puede hacerse escuchar el superyó femenino en una metonimia infernal. Se cumple así el carácter paradojal del superyó que se muestra más severo con aquel que limita más la satisfacción de la pulsión.

Diremos también que el no querer saber sobre el sexo, proponiéndose la mujer como niña, como ingenua, expone a la misma acechanza. Ser "una mosquita muerta", "hacerse la tonta" es el modo con el que el Otro social sanciona a la mujer que, conservándose en una posición de inocencia infantil, no puede evitar con eso mismo hacer aparecer el erotismo propio del goce de La Mujer que se oculta tras el velo de la niña.

La madre, significante con el que Freud intentó situar una salida airosa de la castración para la mujer, no escapa a la amenaza del superyó femenino Puta. La expresión hijo de puta, que en varias lenguas se reduce a Hijo de Madre, muestra la proximidad que también Freud pudo reconocer los nombres madre y puta, ambas caras de una misma moneda. La injuria Hijo de Puta, antes impronunciable y hoy cada vez más extendida en su uso quiere decir, esencialmente, que la madre ha gozado, que la procreación no se deriva únicamente del derecho del padre sino que ha habido un goce no masculino, que ha habido el goce de La mujer.

En resumen, el insulto Puta se hace presente como el modo en que la cultura preserva el dominio del orden fundado en el falo.

Con lo que podemos decir que esa injuria, estará presente siempre como el correlato estructural del goce de La mujer y que la injuria se hace presente como el modo en que el superyó se presenta en la experiencia femenina. En todos los casos, en cada caso, y todas las circunstancias.

A la mujer, dice Lacan, se la difama, usando la homofonía en francés, *dit-femme*, y *diffame*, es decir, siempre que se habla de ella se ultraja su buen nombre, siempre que se dice mujer se le dice puta, porque es el modo con que el performativo de la cultura preserva el orden fundado en el falo.

No se trata de que tal o cual conducta sea permitida o no para la mujer, sino de la voz reprobadora que se hará escuchar toda vez que se aproxime a un goce que está interdicto por estructura. De modo que mientras más se debilitan con el avance de la ciencia los significantes amo fundados en el orden del padre más aparece la injuria culpabilizante y superyóica sobre los sujetos.

Mujer, *sinthoma* del hombre[60]

Lêda Guimarães[61]

El curso de extensión "Entre cuerpos" propuesto por Claudia Murta, de la Universidad Federal do Espírito Santo, no Brasil,[62] se ocupa en este módulo del tema "Síntoma y pérdida de cuerpo", colocando en su centro una pregunta que será trabajada desde el campo filosófico y desde el psicoanálisis: ¿Es posible perder el cuerpo propio? Abordaré esta cuestión a partir de mi experiencia psicoanalítica.

El cuerpo en psicoanálisis es formulado a partir de las bases conceptuales fundadas por Freud y también por los conceptos construidos por Lacan en su lectura freudiana. Actualmente, el tema del cuerpo también es trabajado a partir de las formalizaciones de Jacques-Alain Miller, especialmente en este momento en que la Asociación Mundial de Psicoanálisis, con sus Escuelas esparcidas por el mundo, se dedican al estudio del

---

60 Publicado en *Virtualia* n. 28 – Revista digital de la EOL. Buenos Aires: julio 2014, neste link: http://virtualia.eol.org.ar/028/template.asp?Sexo-y-e-poca/ Mujer-sinthoma-del-hombre.html.

61 Traducción: Silvina Rojas – EOL, Argentina.

62 Curso de Extensión "Entre Corpos" de la Universidade Federal do Espírito Santo - Brasil (UFES), coordinado por Claudia Murta, 2014.

tema del IX Congreso: "Un real para el siglo XXI". El concepto de real para el psicoanálisis se distingue radicalmente del concepto de real en el discurso científico. En la ciencia lo real es concebido como estructurado por leyes que pueden ser escritas en forma de un saber. En psicoanálisis, el real que interesa dice respecto del cuerpo, y más precisamente del goce del cuerpo.

Es así que para trabajar la cuestión — ¿Es posible perder el cuerpo propio? — tomaré el concepto de goce en psicoanálisis para hablar de ese real en el cuerpo, real que para el psicoanálisis es sin ley, es decir, sin inscripción simbólica y sin representación imaginaria. Este goce del cuerpo, al ser definido como un real sin ley, se impone al sujeto humano como su mayor desafío subjetivo ya que no es posible formular un saber sobre ese goce ni es posible controlarlo, comandarlo. Frente a este goce del cuerpo, que vive en la dimensión del silencio, solo queda para los humanos dos posibilidades:

1) **Defenderse:** Lacan formuló que las estructuras humanas — neurótica, perversa y psicótica- se sustentan como tres modos diferentes de defensa contra ese goce real del cuerpo.

2) **Consentir a experimentarlo** es otra posibilidad frente a ese goce. Tarea nada fácil. De modo general, entrar en el campo de la experimentación de ese goce es un desafío muy difícil pues consiste en sumergirse en una zona donde fácilmente se pierden las referencias simbólica e imaginarias, pérdida que tiende a disparar *inmediatamente* una angustia avasalladora que se transforma en miedo, pánico, terror.

La fuerza incontrolable de ese goce tiende a ser experimentado por el sujeto como si se perdiera a sí mismo, habiendo perdido el eje donde se nombra Yo, y perdido el control de decidir o también de decir. Tiende a ser experimentado así, como una muerte sin fin, lo que lleva al sujeto a interpretar su posición frente a ese goce como sujetado imperativamente a los impulsos gozosos.

Tomemos inicialmente un ejemplo: una mujer, al referirse a su primer amor en la adolescencia, dice que experimentaba algo muy extraño en el cuerpo. Cuando su pareja — un hombre mayor que fue escogido como objeto de amor a partir de una referencia paterna — se acercaba caminando, encontrándose a una cierta distancia donde sus cuerpos aún no podían tocarse, ella experimentaba algo muy extraño: todo su cuerpo comenzaba a temblar, sus piernas se debilitaban y con mucha dificultad conseguía mantenerse en pie, pues, como ella misma decía, todo su cuerpo comenzaba a gozar locamente. Esa pasión entre ellos no duró mucho y terminó de un modo devastador. El efecto posterior de esa experiencia resultó una defensa radical a ese goce. Pasó a vivir dedicada al amor materno por su hija y muy raramente constituía una pareja con un hombre, lo que era rápidamente descartado a partir del: "es difícil para un hombre vivir conmigo, pues cuando tengo un hombre preciso tener relaciones sexuales todos los días", constituyéndose así la defensa: vivir sin un hombre. Ese goce del cuerpo fue nombrado por Lacan como "goce femenino" cuando lo diferencia del "goce fálico". Éste último, es concebido como articulado a lo simbólico, se trata de un goce que se experimenta de un modo puntual, localizado en un determinado contexto o en zonas específicas del cuerpo; es un goce evanescente, marcado por la castración, por un límite. Es muy diferente del "goce femenino" ya que ese goce femenino no conoce límites, ni zonas específicas del cuerpo instituyéndose de ese modo como un goce desmedido.

El proceso analítico permite a los sujetos una aproximación al goce femenino, tanto a las mujeres como a los hombres. Sin embargo, como las mujeres no tienen pene se encuentran más abiertas a la posibilidad de experimentar y usufructuar ese goce del cuerpo. Los hombres con sus penes, referencia que toman para el desempeño de su masculinidad, tienden a ocuparse y a embrollarse con su funcionamiento, poniendo así una distancia al goce del cuerpo. Las mujeres, a lo largo de la experiencia analítica, cuando comienzan a experimentar ese goce del cuerpo, tienden a asustarse por su fuerza incontrolable, enunciando sus temores en los siguientes términos: ¿será que me estoy volviendo ninfómana? ¿Van a pensar que soy una puta? Temor muy presente en las mujeres ya que la voz el superyó toma, comúnmente, la forma de la injuria: 'Puta'. Son muchas las ocasiones en que una mujer podrá escuchar la injuria silenciosa 'Puta', cuando se presente muy disponible a las demandas sexuales de los hombres, o si el número de hombres con los cuales transó son muchos, o igualmente, cuando es mujer de un solo hombre pero disfruta del placer sexual por demás, o si la frecuencia con la cual desea tener sexo es mucha, o si es infiel al marido, o si usa ropa provocativa, en fin, se trata de una lista infinita de situaciones donde una mujer es tomada por su sexualidad. También la voz silenciosa del superyó no descansa cuando una mujer desiste de su sexualidad, sea por la vía de la maternidad, sea intentando ser santa, o haciéndose la niña ingenua. Freud decía que los grandes moralistas que buscan la santidad son atormentados por la culpa sintiéndose los peores pecadores, es decir que reprimir los impulsos sexuales no libra al sujeto de la culpabilidad impuesta por el superyó.

En las mujeres histéricas, la culpabilidad superyóica generalmente se mantiene en el registro del inconsciente. Aun cuando una mujer venga a decir "soy una mujer moderna y, por la tanto, soy dueña de mi cuerpo", eso no significa que este liberada de su superyó, la injuria superyóica puede advenir en el temor "pero ¿qué va a pensar él de mí? O ¿qué va a pensar todo el mundo de mí? Así, habitualmente, las mujeres proyectan en su pareja, o en "todo el mundo", la voz de su propio superyó: 'Puta'.[63]

Muchas veces, cuando una mujer experimenta por primera vez el goce femenino a través de un hombre, tiende a pensar que fue él, ese hombre, el responsable de que haya experimentado ese goce. Posteriormente, constata que ese goce es

63 GUIMARÃES, L. As mulheres acreditam mais no juiz do que na lei. In: *Latusa: sinthoma, corpo e laço social*, n. 10. Rio de Janeiro: EBP/RJ, 2005.

suyo, de su propio cuerpo, aunque se trate de un goce cercano al estado de enamoramiento, especialmente cuando una mujer tiende a ocupar el lugar de posición de objeto causa de deseo para su partenaire.

Quiero trazar aquí una distinción radical acerca de ese goce del cuerpo. Retomo las formulaciones de Freud sobre las pulsiones de vida y las pulsiones de muerte, conceptos que elaboró para decir que el goce del cuerpo podrá tener dos efectos diferentes: efectos de vida o efectos de muerte. En este sentido, diferencio radicalmente el goce femenino del goce del superyó, diciendo que el goce femenino es solidario de una vivificación de una mujer, muy diferente del goce del superyó que conduce a la mortificación. El problema es que la gran mayoría de las mujeres se defienden del goce femenino porque el superyó —vertiente mortífera de este goce — tiende a infiltrarse fácilmente en el campo de su experimentación. En otras palabras, hay en las neurosis femeninas lo que Lacan denominó "estrago", que corresponde exactamente a la infiltración de ese goce mortífero del superyó en el campo del goce femenino. Verifico a través de mi experiencia psicoanalítica que el proceso de análisis permite efectuar una separación de esos dos campos de goce, de modo que una mujer no tendrá más temor en la experimentación de su goce femenino.

Esta diferencia entre el goce femenino y el goce superyóico es una introducción a la cuestión formulada por Claudia Murta: "¿Es posible perder el cuerpo propio?". La respuesta entonces más precisa para esta cuestión es "Sí". Efectivamente, es posible perder el cuerpo propio, especialmente en la psicosis. Para fundamentar esa respuesta tenemos el ejemplo clínico del escritor James Joyce que fue formulado por Lacan en su *Seminario 23: El Sinthome.* Joyce cuando era joven vivió una experiencia que Lacan denominó como pérdida de cuerpo. En esa experiencia Joyce encontró cuatro o cinco compañeros que lo colgaron de una cerca de alambre y le dieron una golpiza. Después de esa aventura, Joyce se interroga sobre las razones de no haber guardado rencor contra esos compañeros, incluso, relató esa experiencia como si no hubiese sentido nada, metaforizando lo que pasó con su cuerpo diciendo que todo se vació "como una cáscara". Lacan analiza el modo como Joyce formuló esa experiencia dando cuenta que las metáforas utilizadas por él indican que en aquel momento Joyce perdió su cuerpo, separándose de él, dejándolo caer "como una cáscara".[64]

En las Neurosis, hasta el momento, no encontré una experiencia semejante a la de Joyce, si hay relatos, especialmente en mujeres histéricas de experiencias que son vividas como estados profundamente mortificantes, que parecen una pérdida del cuerpo, pero así no sería la mejor forma de denominarlas, sería más preciso hablar de rechazo del cuerpo. Tal rechazo al cuerpo ocurre a partir de una fuerte defensa, bien establecida, contra la emergencia del "goce femenino".

Hay también relatos de mujeres que si bien dicen de su experiencia en relación al goce femenino, se trata de un goce femenino fuertemente infiltrado por el superyó resultando que, luego de la experimentación de un profundo éxtasis, le sigue un estado de mortificación, culpa o devastación.

Hay relatos de mujeres que se encuentran próximas a la zona final del proceso analítico que experimentan un estado avasallador poco común. Se trata de fenómenos que indican la entrada en la dimensión de la vertiente mortífera del goce del cuerpo. Así, una mujer próxima a su final de análisis, experimentaba la sensación durante el día, mientras trabajaba, de que era un puro semblante, es decir, no experimentaba ninguna sensación de libido con relación a sus actividades diarias: dar clases en la Universidad, atender pacientes, ocuparse de su hijo. Su sensación era que ella no existía, era apenas un semblante de lo que intentaba demostrar para los otros, pues nada sentía en su cuerpo sobre esos semblantes que incorporaba para hacer lazos. De esa manera, ella se sentía una cáscara vacía sin su ser, un puro semblante. Cuando se desocupaba de sus quehaceres a la noche, en el momento en que se encontraba sola, experimen-

64 LACAN, J. (1975-76). *O seminário, livro 23: o sinthoma*. Rio de Janeiro: Jorge Zahar, 2007, p. 147.

taba en su cuerpo la sensación de un horror tan profundo, tan terrorífico que solo le advenía una significación: voy a morir. Así alternaba dos estados: 1) un estado de ausencia de sí misma, sintiéndose un puro semblante cuando estaba en contacto con sus parejas, y 2) cuando se encontraba sola, en contacto con sí misma, experimentaba todo su cuerpo tomado por una sensación de muerte.

Este tipo de experiencia no es común, se trata de una travesía analítica en el campo del goce mortificante, lo que generalmente resulta en un efecto de decisión subjetiva de salida del campo del estrago, operando una separación del goce femenino del goce mortificante al que estaba enganchado. Así, una mujer podrá usufructuar de la experiencia del goce femenino extrayendo de allí una vivificación, además de pasar a tener condiciones subjetivas para no alojarse en el estrago.

Hablaré ahora de la mujer como *sinthoma* de otro cuerpo, es decir, de la mujer como *sinthoma* del cuerpo del hombre. Lacan define el *sinthoma* como el modo singular de goce de cada uno. Se trata del goce del cuerpo del cual les hablaba hace un momento, como un goce sin ley que reside en el silencio, es un goce esencialmente singular, privado, no transmisible ni compartido. Se trata por lo tanto, de un goce autista experimentado en el silencio del cuerpo que corresponde al modo singular de goce de cada uno. En las neurosis, ese modo singular de goce se mantiene recubierto por la fantasía, al tiempo que es desvirtuado por las defensas, aunque manteniéndose en la estructura como el eje que subsiste en lo real. Entonces, siendo ese goce singular, ¿cómo una mujer podrá ser *sinthoma* del cuerpo de un hombre?

Cuando un hombre elige como pareja una mujer adecuada a sus condiciones de goce, esa mujer asume para este hombre la condición de funcionar como su *sinthoma*. Les traigo un ejemplo clínico que testimonia claramente esta posibilidad. Un hombre, que tenía fuertes dificultades para asegurarse su virilidad, se casó con una mujer que le permitía sustentar frente a ella una posición viril. Sin embargo, restó una cuestión inquietante, el temor de que ella desee tener un hijo suyo, él no se sentía en condiciones subjetivas para sustentar una paternidad. Cuando conoció a esta mujer, ella ya tenía un hijo con el cual estableció una relación de compañerismo, satisfactoria para ambos pero que no correspondía exactamente a una posición de paternidad. Este hombre, se apacigua efectivamente de este tormento relativo al temor de la paternidad cuando su mujer hace una menopausia precoz, antes de los 40 años.

¿De qué modo esta mujer es *sinthoma* del cuerpo de este hombre? Hay en la subjetividad de esa mujer algún elemento que dice respecto al *sinthoma* de este hombre ya que después que la conoce, él puede decidirse a casarse, pasando a experimentar una posición viril en el campo del sexo y el amor. Además, ella respondió a esa pareja *sinthomatica* de modo efectivamente acogedor al encarnar en su propio cuerpo la marca del *sinthoma* de ese hombre, a través de la menopausia precoz instituye en su cuerpo el impedimento a la paternidad que él mantenía en su *sinthoma*. De este modo, ellos establecieron una pareja muy bien fijada, de tal manera que podríamos decir que, en este caso, hay una relación sexual.

Es posible que conozcan la proposición de Lacan "no hay relación sexual", sin embargo, en este caso, verificamos que hay relación sexual como nos dice Lacan en el Seminario 23 "*El Sinthome*": "Allí donde hay relación (sexual) es en la medida en que hay s*inthome*, esto es, en que el otro sexo es soportado por el *sinthome*. Me permito afirmar que el *sinthome* es precisamente el sexo al que no pertenezco, es decir, una mujer".[65]

Lacan escribió en un texto más antiguo "La dirección de la cura y los principios de su poder" un ejemplo clínico de un paciente suyo que presentó una impotencia frente a su amante, entonces "le propone que se acueste con otro hombre a ver qué pasa".[66] Lacan entonces escribe:

65 Ibid, p. 98.
66 LACAN, J. (1958). A direção do tratamento e os princípios do seu poder. In: *Escritos. Op. Cit.*, p. 637.

> Ella permanece en el lugar donde la instaló la neurosis (...)
> sin dudas, por la concordancia que ha realizado hace mucho
> tiempo sin duda con los deseos del paciente, pero más aún
> con los postulados inconscientes que mantiene.[67]

Destaco que Lacan, en este texto, formulando esta concordancia entre la mujer y los postulados inconscientes de los deseos del hombre, anticipaba lo que posteriormente formuló como mujer *sinthoma* del hombre.

Muy bien, la historia continúa, luego de oír la propuesta de su pareja — "que duerma con otro hombre" —, esa misma noche ella tiene un sueño que le cuenta inmediatamente: "Ella tiene un falo, siente su forma bajo su ropa, lo cual no le impide tener también una vagina, ni mucho menos desear que ese falo se meta allí".[68] Lacan agrega: "Nuestro paciente al oír tal recupera *ipso facto* sus capacidades y lo demuestra brillantemente a su comadre".[69] Verificamos que de ese modo, el inconsciente de la mujer produjo un sueño que funcionó para el hombre como una interpretación analítica reasegurándole su virilidad.

Les relato un ejemplo de una pareja *sinthomatica* que tuvo un desenlace trágico. Se trata de un hombre casado con una mujer fálica y narcisista de sus competencias profesionales. Este hombre sostenía una gran fascinación por ella mantenida a lo largo de décadas, tratándola regularmente como una reina. En un determinado momento, esta mujer sufre una profunda decepción en su campo de trabajo, resultando una herida narcisista irremediable que le produce inmediatamente un cáncer en un órgano genital, detectado en su fase inicial y diagnosticada como fácilmente tratable y curable. En aquel momento, este hombre pierde su reina-*sinthoma*, su mujer ya no poseía su brillo fálico que la había mantenido en ese lugar. Así, al inicio del tratamiento del cáncer de su mujer, este hombre también

---

67 Ibid.
68 Ibid.
69 LACAN, J. (1958). A direção do tratamento... *Op. Cit.*, p. 638.

desenvuelve un cáncer en su propio cuerpo, pero en un órgano vital que no posibilitaba tratamiento, muriendo poco tiempo después. Perdió de este modo la propia vida al haber perdido la encarnación de su *sinthoma* en la mujer, ya que el *sinthoma* es el modo singular de goce a través del cual un parlêtre soporta la existencia.

Hay otros casos de pareja-*sinthomatica* en los cuales verifico una prevalencia de goce superyóico en la fijación del lazo, algunos hombres buscan análisis subyugados por las quejas proferidas por su mujer, hasta presentarse como culpables de todas las cosas de las que son acusados. De ese modo, se presentan al analista alienados en el discurso de su mujer, sintiéndose siempre en deuda con ella, una deuda eterna, inextinguible, frente a la cual sólo encuentra una posibilidad: torturarse. Este hombre, cuando se dio cuenta de las artimañas de su mujer para hacerlo sentir siempre culpable, y conociendo algunos términos psicoanalíticos, dice: "ahora sé que me casé con mi superyó", nombrando así la vertiente *sinthomatica* que su mujer encarnaba, ya que mantenía el convencimiento de su culpabilidad, a pesar del ofrecimiento a su mujer de amor, sexo, fidelidad, los hijos que ella quería, su trabajo desmedido para aumentar el patrimonio para uso exclusivo de ella...

Este es un ejemplo clínico en el que podemos tener una noción del usufructo que esta mujer extraía de la posición de *sinthoma* de este hombre, un usufructo que puede cuestionarse desde una perspectiva ética, sin embargo, es también evidente que ella se mantenía en esa pareja a partir de la culpabilidad cultivada en él. No siempre las mujeres se dan cuenta de la importancia que ellas tienen para el hombre en la condición de *sinthoma*, generalmente, las mujeres en su propia neurosis acaban encerrándose en el campo de la devastación.

En este mismo seminario 23, *El Sinthome*, Lacan nos dice:

> Si una mujer es un *sinthoma* para todo hombre, queda absolutamente claro que hay necesidad de encontrar un otro nombre para lo que el hombre es para una mujer (...). Se puede

decir que el hombre es para una mujer todo lo que les guste, a saber, una aflicción peor que un *sinthome*" (...) "Incluso es un estrago.[70]

El estrago es el gran tormento femenino en las neurosis, y constato en mi práctica analítica que el estrago lleva a las mujeres a sentir, pensar y actuar contra su propio deseo de ser feliz en el amor. Por ejemplo, en el estado de enamoramiento el estrago podrá advenir bajo el modo de un temor a sufrir, de perder el amor, de ser engañada, de ser desvalorizada, temores que son superyóicos inconscientes sobre la sexualidad femenina. El estrago acaba produciendo un estado tan aprensivo que la estrategia que algunas mujeres utilizan para apaciguar ese tormento acaba siendo una trampa peligrosa. Muchas veces piensan que, para no perder el amor de su pareja, lo mejor sería convertirse en la Mujer que él desea, respondiendo a las demandas de él, a sus exigencias, y hasta entregarse a ese servilismo de modo incondicional, entregando su vida, sus posesiones, su ser, su cuerpo y su existencia a la mortificación.

Recibí en mi consultorio una mujer que no entendía porque no había continuado su carrera universitaria en dirección al doctorado. Se presentó como una mujer feliz en su casamiento, diciendo que había compañerismo, las decisiones sobre la vida de la pareja eran siempre tomadas democráticamente en diálogos amistosos. El análisis le permitió constatar que esa versión sobre su casamiento, en la cual ella había creído hasta entonces, era una gran mentira que había inventado conscientemente. A través de la subjetivación de elementos hasta entonces inconscientes, descubrió que los muebles y la decoración de su casa, que había decidido en conjunto con su marido, no correspondía en nada a su gusto, correspondían al gusto exclusivo de él. Percibió que los diálogos que mantenía con su marido eran sólo oportunidades para descubrir lo que él quería para decidir conforme al deseo que ella suponía ser de él. Se dio cuenta que

---

70 LACAN, J. (1975-1976). *O seminário, livro 23: o sinthoma. Op. Cit.*, p. 98.

no había hecho el doctorado para que su marido no se sintiera avergonzado con su propia carrera profesional que se mantenía en un límite que ella consideraba mediocre. En consonancia se da cuenta que había engordado mucho para no sentirse bonita, intentando evitar el riesgo de desear a otros hombres. Un síntoma que la atormentaba y que había sido motivo de la demanda de análisis — despertaba en la madrugada sintiendo que estaba muriendo — mudó radicalmente, percibió que las reacciones corporales que experimentaba como preanuncio de muerte correspondían a intensos orgasmos vividos en los sueños. Esta mujer comenzó así a distanciarse del impulso de entregarse ciegamente a las demandas de su pareja, admitiendo para sí misma sus sueños y deseos olvidados, caminando analíticamente en la dirección de la vivificación de su cuerpo de mujer, antes mortificado por la devastación.

Sublimación y posición femenina[71]

Lêda Guimarães[72]

"**Q**uerida y bienvenida sublimación, así a ti me dirijo, compañera predilecta de mi soledad donde el goce no tiene nombre. Sublimación... amiga fiel, más que fiel...pues nunca me provee 'verdades' y... siempre me dice 'esto sigue siendo mentira, mas no importa... pues es mejor seguir hablando...'"

Abro así este texto en respuesta a un pedido de Ana Lucia Lutterbach Holck, a mí dirigido a partir de una otra producción que me vi instigada a hacer desde mi experiencia como miembro del Cartel de Pase de la AMP-EBP, en un trabajo presentado en Tiradentes en el Congreso de miembros de la EBP-2011,[73] en el cual planteé algunas cuestiones acerca de la sublimación en el pos-analítico y su función para el deseo del analista.

En los bordes del final de mi análisis, inmersa en la os-

---

71 Publicado originalmente en Latusa, n° 17; Rio de Janeiro: Escola Brasileira de Psicanálise, EBP, 2012.

72 Traducción: Josefina Elias – aderente do CIEC, Córdoba, Argentina.

73 GUIMARÃES, L. "Uma interrogação sobre o resíduo da transferência". Trabajo presentado en la Mesa del Cartel de Pase en el Congreso de Miembros de la EBP, Tiradentes-MG, 2011. Producción individual como miembro del Cartel de Pase de la AMP-EBP compuesto por: Graciela Brodsky (más-un), Bernardino Horne, Celso René de Lima, Eliza Alvarenga e Lêda Guimarães.

curidad de un goce sin nombre, después de la destitución de los ornamentos simbólicos e imaginarios de la fantasía fundamental, experimenté un estado de locura extrema, delirando paranoicamente, pues el campo de la realidad estaba invadido por la encarnación del Otro feroz con su imperativo de goce en el partenaire sexual. "El me va a matar" — certeza que adquirió un estatuto absoluto. El resto... que era el campo del Todo, era puro semblante, en el cual actuaba como una eximia actriz, sorprendiéndome con la constatación que nadie percibía que allí yo no estaba, pues mi ser en el lazo social era un puro vacío de cualquier afectación libidinal, al mismo tiempo en que experimentaba en la soledad de mi cuerpo el horror desgarrador de la certeza inevitable: "El me va a matar".

Permanecí en ese estado psicótico durante probablemente dos meses, donde el tiempo era un infierno eterno que estaba a punto de finalizar. Hablando en el diván a la analista, que intentaba persuadirme de la locura de esa certeza, finalmente llegué a decir: "en verdad ya estoy muerta, pues nada mas de vida existe en mi". En aquel exacto momento, cuando la encarnación del semblante del imperativo superyóico en un Otro, cedió lugar a un bien-decir de la afectación de goce mortífero en el cual estaba inundada, escuché... por fin! mi propia ´voz´ diciéndome: "estoy muerta". Inmediatamente me sorprendí y enuncié para mí misma delante de la analista: "no, no es verdad, no estoy muerta, pues estoy aquí hablando!".

En aquel exacto momento una decisión radical emergió enunciada por mi propia ´voz´, que en aquel momento había sido rescatada para mí misma: "estoy viva! y lucharé por mi vida con uñas y dientes, con todas las fuerzas de mi existencia!" Decisión ética implantada en el circuito pulsional allí donde nunca antes había posición de sujeto, operando automáticamente una transposición de la cuota de mortificación que estaba al servicio de la devastación superyóica, para capturarla en el campo del deseo sostenido en su ferocidad radical. Lo que resultó, poco tiempo después, en la inscripción del nombre que extrajo del silencio la voz del superyó, desarticulando de este modo el goce femenino de las garras de la mortificación. "Mundana", así enuncié con mi propia 'voz' el pase del final de mi análisis.

La función sublimatoria de la palabra es necesaria al ser hablante, pero mi intención aquí es distinguir dos funciones diversas que el goce sublimatorio podrá sostener en la economía pulsional de un ser hablante.

La sublimación podrá estar al servicio de un dinamismo pulsional que embriaga al ser hablante en su engaño estructural, manteniendo intacta la mortificación superyóica íntimamente articulada a la fantasía fetichista masculina neurótica, según el análisis de Freud acerca de la base pulsional fantasmatica que se mantenía bajo las inspiraciones sublimatorias de Leonardo da Vinci. Base pulsional fantasmática que también impulsa el culto sublimatorio al saber, en el cual las aspiraciones narcisistas buscan encontrar la palabra perfecta para decir de lo real, alimentando la desmentida de la castración, o resbalando en la dirección de la inhibición que aloja un ser hablante en el dolor mortífero de la impotencia siempre reafirmada.

Sin embargo, la sublimación podrá estar al servicio de una posición ética que sostiene un esfuerzo decidido y renovado para despertar delante de lo real, deseo de saber que resulta en un despertar siempre fallido, pero que inunda de vida la inefable y estúpida existencia humana.

Las pulsiones con sus varios semblantes de objeto, con sus varias vicisitudes trazadas por los caminos que siempre alcanzan la satisfacción, tienden a articularse espontáneamente en un dinamismo que busca un equilibrio más económico entre los impulsos que alcanzan los fines de satisfacción de vida y de muerte en un ser hablante. Lo que Freud nos enseñó muy bien, inclusive anticipando el concepto lacaniano de síntoma como modo singular de goce que amarra la estructura, cuando nos dice que el síntoma neurótico es el testimonio mismo de la solución espontanea de la estructura que articula y equilibra la confluencia de esos dos modos de goce — vida y muerte. Tomando muy en serio este imperialismo espontaneo del dinamismo pulsional en la estructura humana, este juego de fuerzas donde

todo se dispone en un sistema en favor de una satisfacción, Lacan se preguntó entonces, en el Seminario 11, ¿qué nos autoriza
a meternos en eso? Lacan interrogó así cual es la justificación
que autoriza el acto analítico, y respondió: la única justificación
para nuestra intervención solo adviene cuando con esa satisfacción un ser hablante se deja sufrir de más, quiero decir, cuando
el goce que confluye en vida y muerte excede los límites de lo
soportable. En otros términos, podemos decir desde la perspectiva lacaniana de la clínica nuestra que: cuando los revestimientos simbólicos e imaginarios fallan en sus funciones de suplencia desvistiendo el núcleo real de la función paterna que amarra
el eje de la estructura neurótica, lo real del Padre ahí se revela
como imperativo de goce, imperativo incontrolable, que aspira
al ser hablante en el pozo oscuro e insoportable de la muerte.
Para este modo de goce desregulado y mortífero — que el ser
hablante experimenta como imperativo, intrusivo, compulsivo,
degradante, devastador, desestabilizante, insoportable — Freud
a 'El' dio un nombre: 'Superyó' — un supuesto 'Yo' Super, oscuro y diabólico, que habita en las profundidades del goce de los
cuerpos.

El goce femenino esta para ambos sexos, para ambas estructuras neurótica y psicótica, así como también el goce del
superyó. Goce femenino y goce superyóico, dos sitios distintos
del goce pulsional que impera en el silencio de los cuerpos que
gozan perdidos en la embriaguez de la ausencia de los nombres
y las imágenes. En este campo de silencio del goce del cuerpo la
libido y la pulsión de muerte se anudan, se desacoplan, se abra-
zan, se desconocen según una lógica impalpable para el cogito
del yo. Lógica silenciosa del sinthome singular de cada uno, que
se hace fantasía engañadora en las neurosis y delirio paranoi-
co/ megalómano/ erotómano/ melancólico en las psicosis. "El
me ama", "el me odia", "el me vivifica", "el me mata" — palabras
que convocan la consistencia de un Padre Real en la asociación
sexual con el Otro, en un intento espontaneo de la estructura
para retirar del silencio el goce vivificante femenino y el goce
mortífero superyóico.

El acto analítico utiliza la herramienta necesaria de la palabra de un modo diferente del movimiento espontaneo de la estructura que tiende naturalmente hacia el engaño. Lejos de buscar una consistencia del revestimiento simbólico e imaginario del Padre para mantener intacta la ferocidad mortífera del real del Padre en la estructura, el acto analítico se sirve de la palabra como instrumento para incidir en el silencio que infecta de muerte la fuente de vida que emana de la existencia. El acto analítico es un puñal afilado que permite operar a través de la palabra el corte delicado y preciso entre goce de vida y goce de muerte, entre el goce femenino y el goce superyóico.

'Mundana' fue la clave inicial que inscribió esa operación de separación en mi modo singular de goce. Operación de separación que se renueva a cada contingencia, a cada instante, a cada acto de decisión sostenida en mi posición ética frente al silencio pulsional. Cuchilla de la 'verdad' que desvía la palabra de las vías pulsionales que confluyen a los fines de la satisfacción directamente sexual, para hacerla circular en las vías del goce sublimatorio a favor de una posición analítica.

Así enunció Lacan en el *Seminario 11*, desde su posición analítica, hablando como hombre histérico y lúcido en su propia locura:

> Freud dice que la sublimación es también satisfacción de la pulsión, a pesar de que está *zielgehemmt*, inhibida en cuanto a su meta — a pesar de que no la alcanza. La sublimación no deja de ser por ello una satisfacción de la pulsión, y además sin represión. En otros términos, en este momento no estoy copulando, les estoy hablando y, sin embargo, puedo alcanzar la misma satisfacción que copulando. Este es el sentido del asunto. Debido a esto, por cierto, se tiene uno que preguntar si efectivamente se copula cuando se copula.[74]

74 LACAN, J. *O Seminário, Livro 11, Os Quatro Conceitos Fundamentais da Psicanálise*. Rio de Janeiro: Jorge Zahar, 1985, p. 157.

Lo que para mí como mujer no sería enunciado de ese modo, ya que el goce femenino suplementario al falo se amplía ilimitadamente trascendiendo cualquier contorno trazado por la palabra. Goce incomparable, goce preponderante sobre cualquier otro, goce que la palabra masculina intenta hacer de él un ciervo arrinconado, sin ningún tipo de éxito en este emprendimiento, intentando situarlo en un semblante de objeto 'a', en una 'boba' y engañosa circunscripción. Digo así que el goce femenino en una mujer jamás podrá ser sublimable, jamás podrá estar contenido en la sublimación formulada conceptualmente como elevación del desecho a la dignidad de la Cosa,[75] así como Miller avanzó elegantemente en el concepto psicoanalítico de sublimación propuesto por Lacan, en el cual está incluida la noción de objeto 'a' fantasmático, en cuanto objeto desecho para el Otro, que no es más que el abordaje de lo femenino a través de los límites de la significación fálica masculina.

El goce femenino jamás podrá ser enunciable, como nos recuerda Sérgio de Campos — AE da AMP-EBP:

> A pesar de sentirlo, la mujer poco o nada puede esclarecer sobre él. No hay nada en el de transmisible o compartible. Ese goce está relacionado exclusivamente al amor. Sin embargo, por ser difuso y sin límites, no tiene necesariamente conexión con el acto sexual, ya que esta contenido de manera variada en las diversas modalidades de goce en la mujer.[76]

Así Sérgio de Campos señala que un hombre podrá bien usufructuar de ese goce en el campo del amor, mientras que las mujeres podrán experimentarlo mucho más allá de las satisfacciones directamente sexuales.

---

75 MILLER, J.-A. A salvação pelos dejetos. In: *Correio*, Revista Nacional da EBP, n. 67.
76 CAMPOS, S. Fragmento não-todo. Boletim Eletrônico do XIX Encontro Brasileiro do Campo Freudiano, n. 1.

¿Qué articulación tendrá la sublimación con ese goce ilimitado y esencialmente rebelde?

¿Qué función tendrá la sublimación para el acto analítico que se renueva y se perpetúa a cada decisión ética sostenida en un bien-decir producido por el deseo del analista?

Enuncio aquí la respuesta que encuentro: La sublimación en cuanto instrumento fundamental del acto analítico permite esencialmente indicar, inscribir, separar los terrenos ilimitados del goce femenino embriagante, distinguiéndolo radicalmente de su enemigo seductor devastador. Permite separar el goce femenino de su verdugo, de su sueño mentiroso, de su compañero que invita a la eternidad, de su precio impagable, de su martirio sadomasoquista, de su Dios-Diablo, de su Dueño esclavizador. De aquel que no es ningún 'El' encarnado, de aquel que tiene el nombre formulado conceptualmente por Freud como 'Superyó'.

Cuando hablo, dirigiéndome a ustedes, no gozo exactamente en la palabra de mi goce femenino, pues el goce del cuerpo es radicalmente diferente del goce de la palabra que hace lazo. Así como Pierre Naveau — AE da AMP-ECF — nos dice: "un hombre cuando ama es una mujer",[77] les digo a ustedes que cuando hablo soy un hombre, un hombre casi homosexual, casi travestida, sin embargo... no-toda, pues la prevalencia del goce femenino me sustrae la posibilidad de mantenerme amordazada en el falo. Así *falo* (hablo)...[78] y no paro de *falar* (hablar), como las mujeres que gustan mantener esa manía *falatória* (hablatoria). Pero cuando hablo intento casi heroicamente encontrar palabras tangenciales, circundantes, que infieren, por tanto imprecisas, que nunca me dicen la verdad de ese universo mío paralelo donde habito en mis fluidos impulsos de vida. Hablo al modo propuesto conceptualmente por Carolina Rovere,[79] como un esfuerzo estético para levitar sostenida en un *pas de deux*

---

77 Frase proferida por Pierre Naveau durante la Jornada Anual de la EBP--MG, en 2000.

78 N.de T. - Equívoco: "falo" es la conjugación en Primera Persona del singular del verbo hablar (falar).

79 ROVERE, C. Caras del goce femenino. Buenos Aires: Letra Viva, 2011.

entre el goce fálico de la palabra y el goce femenino del cuerpo que escapa a mí decir. Así tiendo hacer un casamiento siempre renovado entre el hombre y la mujer que en mí habitan, al modo de una invitación al lazo amoroso con el Otro, para intentar arrullarme en mi soledad. Podría entonces decirles que el goce femenino es el motor de empuje de la sublimación. Sublimación que se impone como un esfuerzo para alcanzar un representante de la representación de lo real siempre fallido. Menos mal…! Pues de este modo es posible continuar bailando con 'El' que goza con su *falo* en sus palabras, mientras 'Ella' continúa etérea gozando con el cuerpo que queda ilimitado sin órganos ni palabras. Como bien enunció Ana Lucia Lutterbach Holck en sus testimonios como AE de la AMP-EBP: "navegar es preciso...", navegar en las palabras deslizándose sobre un mar ilimitado de libido, al intentar decir lo imposible, es necesario como soporte ético del esfuerzo audaz y amoroso de no retroceder ante lo real, posición analítica femenina propuesta por nuestro Lacan.

REFERENCIAS BIBLIOGRÁFICAS

BAUMAN, Z. *Amor líquido: acerca de la fragilidad de los vínculos humanos.* Madrid: FCE, 2005.

CAMPOS, S. Fragmento não-todo. Boletim Eletrônico do XIX Encontro Brasileiro do Campo Freudiano, n. 1.

FREUD, S. (1895). Estudos sobre a histeria. In: *Edição Standard Brasileira das Obras Psicológicas Completas de Sigmund* Freud, V. II. Rio de Janeiro: Imago, 1976.

_____. (1900). "O relato do sonho", Introdução ao Capítulo VII de A Interpretação dos Sonhos. In: *Edição Standard Brasileira das Obras Psicológicas Completas de Sigmund* Freud, V. V. Rio de Janeiro: Imago, 1976.

_____. (1909). Análise de uma fobia em um menino de cinco anos. In: *Edição Standard Brasileira das Obras Psicológicas Completas de Sigmund* Freud, V. X. Rio de Janeiro: Imago, 1976.

_____. (1910). Uma Lembrança de Infância de Leonardo da Vinci. In: *Edição Standard Brasileira das Obras Psicológicas Completas de Sigmund* Freud, V. XV. Rio de Janeiro: Imago, 1976.

_____. (1913). Totem e tabu. In: *Edição Standard Brasileira das Obras Psicológicas Completas de Sigmund* Freud, V. XIII. Rio de Janeiro: Imago, 1976.

_____. (1915). Os instintos e suas vicissitudes. In: *Edição Standard Brasileira das Obras Psicológicas Completas de Sigmund* Freud, V. XIV. Rio de Janeiro: Imago, 1976.

_____. (1919). Uma criança é espancada. In: *Edição Standard Brasileira das Obras Psicológicas Completas de Sigmund* Freud, V. XVII. Rio de Janeiro: Imago, 1976.

_____. (1922). A Cabeça da Medusa. In: *Edição Standard Brasileira das Obras Psicológicas Completas de Sigmund* Freud, V. XVIII. Rio de Janeiro: Imago, 1976.

_____. (1923). O ego e o id. In: *Edição Standard Brasileira das Obras Psicológicas Completas de Sigmund* Freud, V. XIX. Rio de Janeiro: Imago, 1976.

_____. (1930 [1929]). O mal-estar na civilização. In: *Edição Standard Brasileira das Obras Psicológicas Completas de Sigmund* Freud, V. XXI. Rio de Janeiro: Imago, 1976.

_____. (1933 [1932]). Conferencia XXX: Feminilidad. In: *Obras Completas*. Buenos Aires: *Amorrortu*, 1988.

GUIMARÃES, L. As mulheres acreditam mais no juiz do que na lei. In: *Latusa: sinthoma, corpo e laço social*, n. 10. Rio de Janeiro: EBP/RJ, 2005.

_____. Não se apaixone! A máscara da feminilidade contemporânea. In: *Opção Lacaniana* – Revista Brasileira Internacional de Psicanálise, n. 44. São Paulo: Edições Eólia, 2005.

_____. Um modo de fazer consistir o pai. In: *Correio*, Revista da Escola Brasileira de Psicanálise, n. 56, agosto de 2006.

LACAN, J. (1958). Diretrizes para um congresso sobre a sexualidade feminina. In: *Escritos*. Rio de Janeiro: Jorge Zahar, 1998.

_____. (1958). A significação do falo. In: *Escritos*. Rio de Janeiro: Jorge Zahar, 1998.

_____. (1960). Subversão do sujeito e dialética do

desejo no inconsciente freudiano. In: *Escritos*. Rio de Janeiro: Jorge Zahar, 1998.

_____. (1960-1964). Posição do Inconsciente. In: *Escritos*. Rio de Janeiro: Jorge Zahar, 1998.

_____. (1964). *O Seminário, Livro 11, Os Quatro Conceitos Fundamentais da Psicanálise*. Rio de Janeiro: Jorge Zahar, 1985.

_____. (1966-1998). Kant com Sade. In: *Escritos*. Rio de Janeiro: Jorge Zahar, 1998.

_____. (1969). Nota sobre a criança. In: *Outros escritos*. Rio de Janeiro: Jorge Zahar, 2003.

_____. (1971). Lituraterra. In: *Outros Escritos*. Rio de Janeiro: Jorge Zahar, 2003.

_____. (1971). *O Seminário, Livro 18, De um discurso que não fosse semblante*. Rio de Janeiro: Jorge Zahar, 2009.

_____. (1972-1973). *O Seminário, Livro 20, Mais, ainda*. Rio de Janeiro: Jorge Zahar, 1985.

_____. (1975). Conferencia en Ginebra sobre el síntoma. In: *Intervenciones y textos 2*. Buenos Aires: Manantial, 1988.

_____. (1975-1976). *O seminário, livro 23: o sinthoma*. Rio de Janeiro: Jorge Zahar, 2007.

_____. (1976-1977). Le Séminaire, Livre XXIV, L'insu que sait de l'une bévue s'aile à mourre. In: *Ornicar?* n°12/ 13, dezembro de 1977. Inédito em livro, aula de 16 de novembro de 1976.

_____. IX Congrès de l'EFP sur la transmission. In: *Lettres de l'EFP*, n. 25. Paris: junho de 1979.

LAURENT, E. Novas inscrições do sofrimento da criança. In: *A Sociedade do Sintoma – a psicanálise hoje*. Rio de Janeiro: Contra Capa, 2007.

MILLER, J.-A. A criança entre a mulher e a mãe. In: *Opção Lacaniana* - Revista Brasileira Internacional de Psicanálise, n. 21. São Paulo: Edições Eolia, 1998.

_____. A salvação pelos dejetos. In: *Correio*, Revista Nacional da EBP, n. 67.

_____. O osso da análise (1998). Revista da Escola Brasileira de Psicanálise. Salvador, n. esp., 1999.

_____. (1997-98). Uma partilha sexual. In: *Clique*, n. 2. Revista dos Institutos Brasileiros de Psicanálise do Campo Freudiano. Belo Horizonte: Instituto de Saúde Mental de Minas Gerais, agosto de 2003.

_____.; LAURENT, E. (1996-97). *El Otro que no existe y sus comités de ética.* Buenos Aires: Paidós, 2005.

_____. et alii. (1997). *La conversación de Arcachon, los inclasificables de la clínica psicoanalítica.* Buenos Aires: Paidós, 2003.

_____. y otros. *La psicosis ordinaria.* Buenos Aires: Paidós, 2003.

_____. Angústia constituída, angústia constituinte. Excerto da palestra "Desangustiar com a psicanálise", apresentada na Jornada da ECF, 2/3-10-2004.

ROVERE, C. Caras del goce femenino. Buenos Aires: Letra Viva, 2011.

SOLANO-SUÁREZ, E. A identificação ao sintoma no fim de análise. In: *Ornicar?* Digital n. 168, 2001 (no Brasil na revista nacional da EBP, *Correio* n. 33, Belo Horizonte, jul/2001).

SORIA, N. Como traçar a direção da cura nas psicoses. Seminário proferido na EBP-BA, Salvador, 2009.

www.ingramcontent.com/pod-product-compliance
Lightning Source LLC
Chambersburg PA
CBHW050133280326
41933CB00010B/1360